スーツアクター高岩成二

先人より継承し、共に創造す

高岩成二

イースト・プレス

SEIJI TAKAIWA

序章

先人から継承し、共に創造すること

「レジェンドじゃねえよ。生きてるよ（笑）」

ヒーローショーから『仮面ライダーゼロワン』（２０１９～２０２０年放送）まで、33年間、スーツアクターをさせてもらいました。ただ好きで、やりたいとやってきたアクションと演技でした。思い起こせば、当時から銘打っていただいていた「レジェンド」と初めに言ったのは、ＪＡＣの同期です。レジェンドと言われて、「なんだそりゃ。レジェンドじゃねえよ。生きてるよ（笑）」って返しましたけど。だって、レジェンド＝伝説ですよ。なぜかそれが広まっていったんですよ。現場でも冗談で「レジェンド、次出番だよ」とか言われたりして（笑）。みなさんに温かく呼んでいただいていると思うので、ありがたい限りです。

さまざまな作品がきっかけとなり、面をつけてアクションをする僕たちも注目されるようになり、「中の人」や「スーツアクター」という名称が生まれ、目指す人も増えてきました。それが目的ではありませんが、自分の活動や指導がきっかけで、「僕もこうなりたい」「私もこうしたい」と、思ってもらえる人が自然と増えれば嬉しいです。

「誰かのため」というのはおこがましいんですけど、自分で言うのもなんですが、僕は自分のことは後回しにするタイプで。見返りは求めず、誰かの役になって、その結果、自分のプラスになればいいなといつも思っています。それが何かしら自分の存在意義というか、存在価値になればと。

でも、求められたらそれに応えるというスタンスで。聞かれないうちは余計なことは言わない。あまり自分からずかずかといけるタイプではないので。自分を高く見積もりたくないし、自分から先輩風は吹かせたくなくて（笑）。人からは「積極性がない」とは言われますね……。「ガツンと言ってやれよ」とか言われても、いやいやいや、って。でも、悩んでいる子とかに周囲の人間が大勢でギャーギャー言っても、船頭がいっぱいいて余計に困らせるじゃないですか。明らかにこの子は迷走しているなと思えば、「もしかして、こうじゃない？」とか「こうしてみるといいんじゃない？」みたいに、あくまでふわっと。それは今も変わらないです。

今回、『スーツアクター高岩成二』というタイトルで、一冊まとめさせていただくことになりました。しかし、昔から自分から何かを言ったり、言葉で上手く説明するのができなくて。言葉では伝わりきらない部分は必ずあると思うので、僕の活動や動いているのも併せて見てもらって、「そういうことね」と分かってもらえたらと思います。

特撮の始まり、ヒーローの始まり

特撮の歴史は長いですよね。テレビが白黒の時代から、僕が生まれる前からありますから。「特撮の始まりってどこなんだろう」と考えると、特撮は「特殊撮影」のことなので、僕らのイメージでは円谷英二さんの『ウルトラQ』(1966年放送)がまず思い浮かびます。『月光仮面』(1958~1959年放送)や『七色仮面』(1959~1960年放送)もありますね。また、「ヒーロー」で考えるならもっと前からあると思います。『水戸黄門』も『遠山の金さん』も『暴れん坊将軍』も善と悪がテーマのヒーローですよね(笑)。宮本武蔵だってヒーローです。そういった作品や人達も、僕にとっては先輩、先人となるわけで、特撮は遠くの先人から継承されているヒーロードラマです。先輩たちが作り上げ、発展させてきたヒーローを僕らが引き継ぎ、僕らを見て育った後輩たちと現場で一緒にやれるなんて、素晴らしいことです。

僕の時代はぎりぎり見ていましたが、最近の若い人はチャンバラとか時代劇を見ないですよね。じつは、僕たちはスーパー戦隊や仮面ライダーでのストーリー展開や登場人物の立ち振る舞いは、時代劇と同じことをしているんですよ。ヒーローには「お約束」があるので。だからアクションを目指す人は、昔の作品を見た方がいいです。今の現代社会では時代劇が新鮮に感じるんですね。今の若いお父さんお母さんも見ていないですから。年齢として。昨今はなくなってきたメディアであるので、今その昔の白黒時代のアクションを見て真似をすると、今の視聴者さんには逆に新鮮に見えるので、今の若い人たちにはぜひやってもらいたいです。『仮面ライダー電王』（２００７〜２００８年放送）も参考にしていたのは、まさに「昭和」のノリ。だから多くの人に楽しんでいただけたのだと思います。その辺が今の子にほしいものですね。引き出しが増えますし、絶対に役立ちますよ。

最初からいきなりアドバイスみたいなことを語ってしまいました。この本では、僕のアクションと演技の人生、僕の目線で見た特撮やスーツアクターの歴史、スーツアクターになるための道筋、ワークショップで行っているアクションや演じてきたヒーローポーズの解説などもまとめました。スーツアクターやアクションを目指す人にとって何かのきっかけや参考になったり、特撮やアクションを楽しむエッセンスとなれば幸いです。

高岩成二

目次

第2章 特撮ヒーローとスーツアクターの歴史

第3章 スーツアクターになるには

第4章 基本ポージング&アクション解説

第1章

スーツアクター・高岩成二という生き方

子どもの頃から仮面ライダーが好き

僕は1968年、埼玉県のごく普通のサラリーマン家庭の次男として生まれました。子どもの頃、父親はあまり家にいなくて、母親と3歳上の兄と4歳下の妹、祖父母の6人で過ごしていました。父親は、土日は接待ゴルフ、平日は仕事終わりに飲みに行って、ほろ酔い気分でお土産の寿司折を持って帰ってくるような、典型的な昭和のサラリーマンでした。

僕は次男だったこともあり、かなり自由に育った気がします。いちばん古い記憶は幼稚園の頃だと思いますが、良く言えば活発な、悪く言うと落ち着きがなくやんちゃな子どもでした。今の時代ではコンプライアンス違反になりますが、当時はスカートめくりばかりしていました（笑）。他にも、所かまわず人様の家の敷地に入り込んだり、公園の噴水に落ちて溺れかけたり、親からすれば兄と妹に比べたら手を焼いていたのではないでしょうか。だからといって、親に酷く怒られたことはありません。放任とまではいかないものの、「勉強をしろ！」とも言われず、勉強しなかったツケはその後自分に返ってきましたが、どちらかといえば、教育方針は緩かったと思います。

小さい頃は兄にくっついて回っていましたが、気付けば自分の友だちができて、そちらと遊ぶようになりました。当時、3歳上の兄のほうが、例えばおもちゃは僕よりもいいものを買ってもらったり、お年玉の金額も多かったり、子ども心に「なんで？」と思ったのを覚えています。なので、年功序列的なところはあったかもしれません。

僕が幼稚園に通っていた1973年頃は、特撮ヒーローがたくさん放送されていました。外遊びも大好きでしたが、家ではテレビにかじりついて、特撮ヒーローを中心に、アニメやドラマ、さまざまなテレビ番組に夢中になっていた、いわゆるテレビっ子でした。大人になった今でもテレビっ子の気持ちは変わりません。

居間にあるテレビのチャンネル権は父親が握っていて、とくに夏場は野球中継と決まっていたので、僕は祖父母の部屋のテレビで好きな番組を見ていました。いちばんのお気に入りは『仮面ライダー』(1971~1973年放送)、そして『スペクトルマン』(1971~1972年放送)や『快傑ライオン丸』(1972~1973年放送)、『秘密戦隊ゴレンジャー』(1975~1977年放送)でした。

近所の友だちと、定番のヒーローごっこもやっていました。僕がよくなりきっていたのは、仮面ライダー2号です。一文字隼人と2号ライダーが好きで、なぜか藤岡弘、(当時：藤岡弘)さんが演じた本郷猛の1号ライダーについてはあまり覚えていません。『ゴレンジャー』も好きで、よく真似をしていました。

『ウルトラマン』シリーズや『ジャイアントロボ』（1967～1968年放送）などの巨大ヒーローも見ていましたが、好きだったのは仮面ライダーのような等身大のヒーローです。今でもそうなのですが、SFものはなんとなく興味が持てず、じつは『スター・ウォーズ』も見たことがありません。宇宙が舞台になると、世界観が違い過ぎて踏み込めなくなるというか。そこに自分を投影できなくなってしまうのです。等身大のヒーローはオートバイを運転するなど目線が僕たちと同じで、ファンタジーというよりもリアルなところに魅力を感じたのかもしれません。

「何を始めても3年は続けろ」

幼稚園の年長から家の近所で兄と一緒に剣道を習うようになりました。とくに武道に憧れていたとかではなく、兄が習っていたから仕方なくといった感じでした。裸足なので冬は寒いし、背が低かったため体格の大きな子と対峙すると、面ではなくわざと防具のない頭頂部を打たれて、めちゃくちゃ痛くて泣きながらやっていたのを覚えています。

父親に「辞めたい」と訴えたら、「何を始めても3年は続けろ」と言われ、結局その通り3年は続けました。「3年は続けろ」は父親の口癖で、将来僕がスーツアクターを目指すことになる時にも言われた言葉です。剣道は段も取れませんでしたが、3年続けたことで剣道の知識が一通り身につき、後の役に立っているのは間違いありません。

そもそも運動神経は、良かったほうだと思います。小学生の時、埼玉県のスポーツ大会で表彰されたり、学校では体育委員をやったり、とにかく体を動かすことが好きでした。ただし、持久走だけは大嫌い。だからといって、短距離走がめちゃくちゃ速いとか、ずば抜けて得意なものがあるわけではなく、何でもそつなくこなすタイプでした。どちらかといえば球技は苦手だったのですが、バレーボールやバスケットボール、サッカー、野球などもわりと器用にこなしていました。

例えば、父親と初めてゴルフの打ちっぱなしに行った時のこと。球にはジャストミートしなかったのですが、

「スイングだけならプロ級だな」

と、父親が驚いていました。

もちろん、当時ゴルフはしたことはありません。父親のゴルフスイングを見たり、テレビのゴルフ番組を見たりして真似をしただけです。今思えば、ヒーローごっこでヒーロー

の真似をしていたように、人の動きを真似るのが得意だったのかもしれません。

真田広之さんに憧れる

アクションスターの第一人者といえば千葉真一さんですが、僕はどちらかといえば千葉さんと同時期に活躍されていた倉田保昭さん派でした。幼稚園の頃に見た『闘え！ドラゴン』(1974年放送)のイメージが強く、タイミング次第では倉田プロモーションの扉を叩いていた可能性もあります。

武道や格闘技にはあまり興味はなかったのですが、アクションへの興味が湧いてきたのは、小学校3年生か4年生の頃だと思います。作文に将来の夢を「体育の先生かスタントマン」と書いた覚えがあるので、その頃からスタントマンという職業の存在を知っていたことになります。

テレビっ子だった僕は、特撮ヒーローだけでなくアクションドラマも大好きでした。ある日、ドラマのエンディングのクレジットに「アクション／JAC」の文字を見つけて「何だろう？　ジェイエーシー？」と思ったのですが、その時は思っただけでそのままにしていました。

中学生の時、東映映画の『忍者武芸帖 百地三太夫』（1980年公開）のCMをテレビで見た時、

「この人誰？ カッコいい！」

と、目が釘付けになったのが、主演の真田広之さんでした。

「JAC」が「ジェイエーシー」ではなく、「ジャック」と呼ばれるアクションチームであることは、この映画を見て知りました。それ以来すっかり真田さんのファンになり、とくに映画『伊賀忍法帖』（1982年公開）での真田さんはカッコよくて、千葉さんや志穂美悦子さんよりも印象に残っています。

中学生時代、僕はテニス部だったのですが、練習をさぼりアクション好きな同級生とテニスラケットを刀に見立てて、チャンバラごっこに夢中になっていました。小学生の時の「スタントマンになりたい」という夢は憧れに近かったのですが、中学生でJACを知ってからは「やってみたいな」と、現実的な目標になりました。

それからは、学校の砂場でバック転を練習したり、近所の柔道場に通ったり、本屋さんで空手の本を立ち読みしたり、見様見真似でアクションの勉強を始めました。

中学3年生になると、受験生にもかかわらず、テレビっ子からの流れで、今度は映画に

ハマり、真田さんの映画を中心に海外のアクション映画を見に、ちょくちょく映画館に足を運んでいました。その頃には既に「ＪＡＣに入りたい」と心に決めていたように思います。

「すみません、ＪＡＣに入りたいんですけど！」

高校に入学と同時に、僕は体操部に入りました。なぜなら、バック転くらいできないと、ＪＡＣには入れないと思ったからです。「ＪＡＣに入りたい」という気持ちは、日に日に大きくなっていました。でもどうすればいいか分からない。そんな折、たまたま本屋さんで、『Ｄｅ－Ｖｉｅｗ』（勁文社）というオーディション雑誌を見つけ、そこにＪＡＣの募集記事が載っていたのです。

具体的なことは書かれておらず、ＪＡＣの事務所の住所は載っていたので、「これはもう直接事務所に行くしかない」と思いました。しかし、1人で行く勇気はなくて、そこで友だちに同行を頼み、当時ＪＡＣがあった恵比寿の事務所に出向きました。開口一番、

「すみません、ＪＡＣに入りたいんですけど！」

と、直球勝負でお願いしました。

事務所のスタッフの方たちもビックリしたと思います。いきなり高校生がアポなしで訪

ねてきて、「ＪＡＣに入れてくれ」ですから（笑）。事務所のドアの近くに座っていたスタッフの方が、オーディションの応募方法を教えてくれて、その日はそのまま帰宅しました。

高校2年生になる直前の春先、ＪＡＣのオーディションを受けようと思い、恐る恐る両親に切り出しました。すると、あっさり、

「いいんじゃない」

という答え。じつはこの時、「どうせ受かるわけがない」と思われていたようです。


当時のＪＡＣは、東京と大阪と福岡にチームがあり、東京と京都でオーディションを開催していたと思います。東京のオーディション会場は、今は閉園されてしまった遊園地「としまえん」のプールと更衣室、大きなテントを借し切りにしていたと記憶しています。オーディションは平日だったので、その日は学校に欠席届を出して参加しました。会場にはものすごい数の人が集まっていて、後で聞いたら３０００人くらいだったそうです。

オーディション内容は、簡単なマット運動と発声（歌）、そして所見（面接）です。マット運動は自信があったので、とくに問題なくクリアしました。発声は、武田鉄矢さん作詞の海援隊の曲、『人として』を歌ったのですが、出来の良し悪しはご想像にお任せします（笑）。所見はものの2〜3分でしたが、正直緊張しました。僕の担当は志穂美さんで、隣

には千葉さん、真田さんがいらっしゃったと思います。志穂美さんからの質問に上手く答えられず、「ダメかも……」と思っていたら、合格通知が届きました。

僕はすっかり舞い上がり、親に養成所の案内書類を見せました。すると、そこで入所金がべらぼうに高いことが発覚したのです。僕は私立高校に通っていたのですが、養成所に入所するとなると、2つの私立高校に通うくらいの金額がかかってしまいます。当然、両親は大反対です。

「まだ高校に入ったばかりなのに。高校を卒業してから通えばいいんじゃない?」

「絶対、今やりたい!」

僕が泣きながら懇願していると、兄が「やらせてあげれば」とアシストしてくれたのです。それで、場の空気が一変。父親に、

「やるかぎりは、きちんとやれ。でも、25歳になるまでに芽が出なかったら辞めろ」

と言われ、高校2年の春から、高校とJACの養成所とを掛け持ちで通うことになりました。

高校とＪＡＣの養成所を掛け持つ2年間

当時の養成所は2年間だったので、それからの高校生活は完全に二重生活です。高校の体操部も入れたら三重生活です。

親とは高校を優先すると約束していたので、養成所は「日曜」クラスに通っていました。他には「月曜・火曜」「水曜・木曜」「金曜・土曜」のそれぞれ週に2日通うクラスがあり、「日曜」クラスは通常の2日分を1日でやるので、朝から夕方までカリキュラムがパンパンに詰まっていました。平日は高校に通い、体操部も続けていたので、たまに日曜日に体操の試合があると、試合に出た後に養成所へ直行していました。

ＪＡＣにはスタントマン科と俳優科、歌手科の3ジャンルがありましたが、養成所では本人の志望に関係なく、全員が同じカリキュラムを学ぶシステムでした。内容は、殺陣に演技、発声、ジャズダンス、アクションなどで、それを養成所で2年間学んだ後、最後に面接のようなオーディションを受けます。そこで最終的なふるいにかけられ、合格すれば正式にＪＡＣのメンバーになれます。落ちる人もいるわけですが、合格して正式メンバーになると、志望に応じてスタントマン科、俳優科、歌手科へと進みます。

養成所の1年目は、ほとんどが筋トレ、素振り、ダンスなどの基礎練習ばかり。カッコいいアクションを教えてもらえると思っていた僕は、理想と現実のギャップを目の当たりにし、徐々にさぼり癖が出てしまいました。それでも続けることができたのは、同期の仲間たちのおかげです。僕はＪＡＣの16期生なのですが、同期には横山一敏、今井靖彦、竹内康博、大林勝、村岡弘之、辻本一樹などがいました。みんな僕より少し年上でしたが、とても仲良くしてもらいました。

2年目に入ると、少しずつ本格的なアクションのレッスンが始まりました。アクションを教えてくれたのは、ＪＡＣの先輩の井上清和さん。京都で時代劇をやられていた崎津隆介さんや沢田祥二さんや、特別講師として春田純一さんに教えていただいたこともあります。

殺陣は外部の専門の先生がいらして、「剣立ち」という剣による立ち回りを学びました。これはかなり難しかったのですが、子どもの頃に習っていた剣道のおかげで、意外とついていけた気がします。発声の先生は『がんばれ!! ロボコン』(１９７４〜１９７７年放送)のロビンちゃんのお父さんを演じていた、有名な音楽家の島田敬穂さん。演技は演劇研究所からいらした先生に教えていただきました。先生たちは、その道で有名な方たちばかりで、かなり厳しかったです。とくにアクションのレッスンは、先生がＪＡＣの先輩ということもあり、罵声が飛び交っていました。

レッスンの中でいちばん楽しかったのが演技です。ドラマの一部分を抜粋したものをテキストにして演技のレッスンをしたり、先生が出すお題をアドリブで演じたり。初めて触れるものだったので、スタジオの床にノートを置いて、先生の言うことを聞き漏らすまいと、必死にメモしていました。

今でも忘れられない演技の先生の言葉があります。

「人を観察しなさい。生活をしている中で、人を観察しなさい。色んな人がいるから面白いよ」

それ以来、老若男女問わず人をじっと見る癖が付いて、今でも人をジロジロ見過ぎて嫁に怒られることがあります（笑）。実際の役には関係がない、女性の仕草とかもつい見てしまいます。キャメラの前に立つと、ふと「そういえば、こういう人がいたな」と思い出すことがあり、演技に役立つのです。この癖は、後の仮面ライダーの演技に大いに役立ちました。

そして僕は、高校と2年間の厳しい養成所通いをクリアし、最終オーディションにも合格して、晴れてＪＡＣの正式メンバーになることができました。

ヒーローショーの魅力にハマる

ＪＡＣの正式メンバーになったからといって、当たり前ですがすぐに役がもらえるわけではありません。ある日、最終オーディションに合格したばかりの新人メンバーが集められました。

「早速仕事があるんだけど、体空いているやついるか？」

「ハイッ!!」

「よし、今、手を挙げた子は残って」

とにかくみんな役が欲しくてウズウズしています。チャンスがあれば、何でも飛びつきます。僕は「何の仕事だろう」とワクワクしていたら、後楽園の野外ステージのヒーローショーだと聞いて、正直「しまった！」と思いました。

僕は真田さんに憧れていたので、俳優科を希望していました。

「俳優志望なのに面を被るなんて……。ちゃんと仕事の内容を聞いてから手を挙げれば良かった」

当時は特撮ヒーローだけでなく、アクションドラマや時代劇も全盛期で、テレビのスタントマンの仕事などもたくさんありました。そんな中、顔が出ないヒーローショーはあまり人気がなく、事務所側も最初にヒーローショーだと仕事内容を言うと、手を挙げなくなると分かっていたのでしょう。僕はまんまと罠にハマってしまいました。

「ちょうど今からショーが始まるから見に行くぞ」

事務所のスタッフに連れられ、仲間と一緒に後楽園ゆうえんちのヒーローショーを見学に行きました。

「そういえば、子どもの頃に見に来たことがあったかも」

と思いつつ、最初は嫌々見ていたのですが、

「……え、何これ、カッコいい」

高いところから飛び降りたり、走るジェットコースターに膝立ちになって銃を撃ったり、想像していたのとはかなり違っていました。

「ちょっとやってみようかな。嫌になったら『辞めます』って言えば……」

と、軽い気持ちで始めました。

最初の僕の役は『光戦隊マスクマン』（1987〜1988年放送）のアングラー兵という雑兵でした。しかし、レッドマスクを演じていた岡元次郎さんが、新番組『仮面ライダーBLACK』（1987〜1988年放送）のBLACKを演じることになり抜けたため、

ショーのブラックマスク役が僕ら16期生に回ってきました。当初は同期の子がブラックマスクをやっていたのですが、顔が大き過ぎて面が合わないということで、僕に役が回ってきたのです。

いきなりメインキャラクターをゲットできたのはラッキーでしたが、当時は年齢的に特撮ヒーローを見なくなっていたので、肝心な決めポーズが分からない。この頃の先輩は怖い人ばかりでしたから、優しく教えてくれることなど期待できません。

「すみません！　教えてください！」

何度も頭を下げて、渋々といった感じで教えていただきました。お客さんには見えない舞台裏の段取りやお約束なども、一通りは教えてくれるのですが、細かいことまでは教えてくれません。「考えて動け！」と怒られ、無我夢中で走り回っていました。

そして、ヒーローショーを始めて2年目、今度は『超獣戦隊ライブマン』（1988～1989年放送）のレッドファルコン役の先輩が抜けることになり、たまたま僕がその先輩と体格が似ていたため、レッドファルコンに抜擢されたのです。2年目にしてレッド役は、異例の早さだと思います。その頃になると、僕はヒーローショーがすっかり気に入り、結局7年間続けることになりました。

　ヒーローショーのいちばんの魅力は、お客さんの反応を目の当たりにできることです。当時の野外劇場には、最大で2000人のお客さんが収容できました。舞台裏でスタンバイしていると、子どもたちの「うわ～！」という歓声が聞こえ、主題歌が流れ、

「よし、行くぞ！」

　と、僕たちのモチベーションもめちゃくちゃ上がります。満員のお客さんの前で、アクションもできるし、ピンマイクを付けてお芝居もできる。ライブならではの魅力にハマってしまいました。

　ヒーローショーは、ショーだけやっていればいいわけではありません。ショーが終わってからの握手会も大切な仕事でした。ショーが終わったら、僕らは一旦変身を解除して手袋をきれいなものに替えて、握手会の列が整うのを待ちます。その間わずか10分。そこが僕らの休憩時間で、呼吸を整えてから再び面を被る直前に水分を補給し、面の中を冷やします。

　握手会でも、子どもたちにはとにかく大人気でした。キラキラした目で抱きついてきたり、中には、僕が手を差し出すと股間を殴ってきたり、ピンク役の胸を触ろうとしたり。

ピンク役は男性が担当していたので、心の中で「男だよ!」と突っ込んでいました(笑)。

お客さんが多い時は、握手会が1時間半くらい続くこともありました。ショーや握手会は基本1日に各1回ですが、夏休みや祝日にはショーが1日に4~5回あるので、握手会も必然的に4~5回やることになります。そうなるとしっかりと食事をする暇もなくなり、準備の合間に少しうどんをすするくらいがやっとでした。

ヒーローショーからテレビの世界へ

僕がヒーローショーに携わっていた7年の間、ヒーローショーをベースにしつつ、徐々にテレビや舞台の仕事が増えていきました。平日はショーがないことが多かったので、僕は使いやすかったのだと思います。テレビドラマでの俳優さんの吹き替え、舞台でのちょい役、バラエティ番組でのアクションなど、何でもやりました。最初はヒーローショーの時と同様に、先輩に怒られてばかりでしたが、少しずつ要領をつかんでくると、

「高岩、ヒーローショーばかりやってないで、もっと現場に入ってよ」

と言われるようになりました。

　ある程度きちんとテレビのヒーローをやらせてもらったのは、『恐竜戦隊ジュウレンジャー』(1992〜1993年放送)のドラゴンレンジャーです。スケジュールの関係で、最初と最後だけの出演でしたが、テレビの撮影に携わるのはほぼ初めてだったので、キャメラマンのいのくままさおさんや東條昭平（当時：東条昭平）監督に、

「キャメラフレームも分からないのか！」

と、ボロクソに怒られたのを覚えています。もちろん、当時ペーペーだった僕は、名前すら呼んでもらえませんでした。

　そして、本格的にテレビのヒーローを演じることになったのは、『忍者戦隊カクレンジャー』(1994〜1995年放送)からです。アクション監督の竹田道弘監督がヒーローショーの演出もされていて、僕を「テレビでも使ってみたい」と引っ張ってくださったのです。

　しかも、ニンジャレッドの役だと聞かされ、さすがに緊張しました。スーパー戦隊シリーズのレッドという役は、長い間、新堀和男さんが作り上げてきて、『ジュウレンジャー』で前田浩さんが引き継ぎ、『五星戦隊ダイレンジャー』（1993〜1994年放送）では大藤直樹さんが担当されました。その後が僕だったので、「1年だけだろうな」と思っていました。

「レッド」だけど現場ではいちばんの下っ端

ヒーローショーは大好きでしたが、そろそろ映像の分野に取り組んでみたいと思い始めていた時期でもあり、なんとかして今後もテレビの現場に残れないものかと必死でした。ところが、メインの仕事がほとんどヒーローショーしかやったことがないので、撮影の要領などがまったく分からない。それまで、現場にはちょこちょこ入っていましたが、いかに何も考えていなかったかということを実感しました。

『カクレンジャー』第1話のアクションを見ると、大きく動く、分かりやすく表現する、といったヒーローショーの演技になっていて、我ながら「下手くそだな……」と笑ってしまいました。

まずは映像の現場に慣れなくてはと思い、恐る恐る、

「キャメラフレームにどのくらい入っていますか？」

といったことを、いのくまさんに聞きながらやりましたが、相変わらず名前は覚えてもらえず、「赤いの！」なんて呼ばれていました。

そして、僕の脇を固めるブルーが宮崎剛さん、イエローが石垣広文さん、ブラックが喜

多川2tom（当時：喜多川務）さん、ホワイトが後に結婚することになる村上利恵で、僕はレッドなのにいちばん下っ端になるわけです。なので、撮影現場には先輩よりも早く来て、レッドの扮装をしたまま雑用をこなしていました。僕が雑用に追われていると、他の4人が既にキャメラの前に立ってスタンバイしていて、「赤いの、早く入れ！」と怒られ、僕はレッドなのに「すみません！」と謝りながら入る。

また、僕が「みんな、行くぞ！」と声をかけて、メンバーが「おー！」と応えるシーンがよくあるのですが、キャメラテストで先輩たちによくいじられました。

「『行くぞ』？　なんでお前にそんなこと言われなきゃいけないんだよ（笑）」

「すみません、仕事ですから、行ってください」

冗談なのですが、それにしてもやりづらくて困りました。当時、僕は監督やキャメラマンから毎日ボロクソに怒られていたので、先輩たちのジョークに付き合えるほど心に余裕などはありませんでした。しょっちゅう「辞めようかな、続けようかな」と自問自答を繰り返していました。

しかし、撮影は毎日あるし、辞めるタイミングを逃してしまいます。すると、持ち前の負けん気も出てきて、『重甲ビーファイター』（1995〜1996年放送）、『ビーファイターカブト』（1996〜1997年放送）の頃になると、怒られることもなくなっていきました。まさに父親の口癖である「3年は続けろ」を守ったことになります。

スーツアクターとしての演技に目覚める

『カクレンジャー』でニンジャレッドの役をいただいた時、新堀さんにレッドのあり方をアドバイスしてもらったことがあります。

「レッドは真ん中で、ドーンと構えていないといけないんだよ」

新堀さんの身長と逆三角形の体格ですから、それはカッコいいです。ところが、僕はまだ線が細くて、新堀さんのような迫力ある表現ができないのです。最初は新堀さんのアドバイスを実行してみたのですが、途中で、あれは新堀さんだからできていたことであって、僕ではどうやっても無理があると気付きました。

そこで、申し訳ないのですが新堀さんのアドバイスは一旦忘れ、僕なりのレッドをやってみようと切り替えました。

最初に僕はヒーローショーと同じ演技をテレビでも行い、自分の演技を下手くそだなと痛感したのですが、当時ヒーローアクションとは、分かりやすく大きな動きが常識だとみんなが思っていました。例えばテレビドラマとして、位置関係などはきちんと演出されているのだから、敵と話す時に相手を指さす必要はありません。それが、「レッドはこういうものだ」という固定観念があり、演出する側もキャラクター演技はそういうものだと思い込んでいました。

ところが、演技を続けていくうちに、『星獣戦隊ギンガマン』（1998〜1999年放送）や『救急戦隊ゴーゴーファイブ』（1999年〜2000年放送）あたりで、身振り手振りの大げさな演技に対して、僕は疑問を感じるようになります。それから、自然な表現を模索し始めたのですが、やはり監督からは「分かりやすく」「大きめの身振りで」と指示されました。当時、現場には変身の前と後の演技に整合性を持たせようという発想はなく、脚本に合わせて喜怒哀楽の大雑把な部分をすり合わせていただけなのです。

テレビの仕事を始めた頃も、僕の目標は真田さんみたいなアクション俳優になることでした。『ビーファイターカブト』のフリオ・リベラ／ビーファイターゲンジ役で、初めて変身前の役をもらい、顔を出してキャメラの前に立って演技をしたのですが、あまりの不甲斐なさに愕然としました。

変身後の台詞はオールアフレコだったので、撮影したものを持ち帰ってアフレコします。滑舌良くはっきりと喋らないといけないのに、僕は発声ができていなくて、ＮＧを連発しまくっていました。撮影現場で心折られ、アフレコルームで心折られ、さらにオンエアを見て「これはダメだ。もう顔出しはしたくない」と思い、これ以来、スーツアクターとして生きていこうという覚悟ができました。

スーツアクターとして生きていくと決意したものの、俳優であることには変わりなく、もっとお芝居がしたいという意識が強くなってきた時期が、『ゴーゴーファイブ』でした。主役の巽マトイ／ゴーレッドを演じた西岡竜一朗は、お芝居に対してとてもストイックで、マトイという役柄をしっかりと作り込んでいました。そんな西岡に対して、僕はまず、

「役についてどう思う？　どうしてみたい？」

と尋ねて、2人でディスカッションを重ね、お互いの演技を固めていきました。家族がテーマの物語だったので、変身後もナチュラルな演技がしたいと思い、西岡の振る舞いを観察してマトイの人物像に寄せた演技を心がけました。できるだけ西岡の演技とリンクさせようとしたのですが、それがまず監督に伝わらないとOKが出ません。

案の定、監督は「もっと分かりやすくお芝居して。大きく動いて」と言う。僕は「分かりやすくは嫌です。あまり動きたくない」と。ではどんな表現をすればいいのかを考えました。本番前のテストで色々と動いてみせるのですが、テスト時は面を外しているので、

僕はあえて顔の表情をしっかり作って演技をしました。そうすると、どうしても監督は僕の表情を見るので、表情に騙されて体の動きまで気付かない。テスト段階で僕の表情を監督の頭に刷り込んで、本番で面を被ってもその表情をしていると思わせる作戦です。何回か成功して「これはイケるぞ」と思いましたが、僕の作戦がバレて、監督によっては「表情に騙されるから、面を着けてテストやって」と言われることもありました（笑）。最初は苦戦しましたが、少しずつ昔ながらの過剰表現は減っていきました。

『ゴーゴーファイブ』以降、僕はなるべく主役の俳優とコミュニケーションをとって、演技のすり合わせをするようにしました。ただし、仮面ライダーもそうですが、スーパー戦隊も新人の俳優をキャスティングすることが多く、初めての現場となると演技についての話し合いも何もあったものではありません。

『未来戦隊タイムレンジャー』（２０００〜２００１年放送）のタイムレッドである浅見竜也を演じた永井大（当時：永井マサル）は、これが初めてのお芝居だったらしく、やたらと目が泳いでいて、その辺にいた素人のお兄ちゃんを連れてきた感じでした（笑）。

とりあえず、僕は「喋っている人を見ていたほうがいいよ」と、永井にアドバイスしたのを覚えています。シリーズの中盤くらいまでは、ちょこちょことアドバイスをしていたのですが、後半は地に足がついてきて、最終回近くになると顔つきや目力が半端なく、驚くほどの成長ぶりでした。

また、2001年は親しんだJACが「ジャパンアクションエンタープライズ」に変更した年でもありました。遡ること1991年にJACは大新東グループの日光江戸村へ売却されたのが、1996年に金田治と西本良治郎が中心となって独立したのです。2004年に略称も「JAE」になりました。今まで「アクションクラブ」という気持ちが定着していたので、「エンタープライズ」という言葉には少し大げさというか、違和感がありましたが、読みとしては「ジャエ」と呼ぶそうです。

スーパー戦隊から仮面ライダーへ

『タイムレンジャー』のタイムレッドをやっている時、事務所から来年の仕事の話がきました。

「来年は仮面ライダーをやってもらうから」

「えっ、スーパー戦隊、クビですか?」

僕はこれからもスーパー戦隊を続けていくつもりだったので、納得がいかず直接スーパー戦隊のアクション監督に連絡しました。

「僕、クビですか？」

「違うよ！　お前を先に取られちゃったから、どうしようもないんだよ」

いきさつは、単純に早い者勝ちということ。『仮面ライダークウガ』（2000～2001年放送）をやっていた富永（研司）が次作を辞退したとかで、代わりを探していたのですが、なかなか見つからず回り回って僕に声がかかったみたいです。

僕はスーパー戦隊の小さい子どもに寄せたファンタジー感や、現場の空気感も好きだったので、正直仮面ライダーには行きたくありませんでした。渋々始めた『仮面ライダーアギト』（2001～2002年放送）でしたが、いざ始まるとスイッチが入り、アギトはライダーが3人体制だったので、3人で「視聴率上げようぜ！」と一致団結。すると、視聴率がどんどん上がり、朝の時間帯の番組としては異例の13・9％をマークしたのです。『クウガ』を見て、「子どもが内容を理解しているのだろうか……」と、疑問だったのですが、『アギト』も朝の番組にしては重い描写が多く、スーパー戦隊とはまったく異なるものだと理解しました。

『アギト』の台本を読んで驚いたのが、アギトがほとんど喋らない設定だったことです。スーパー戦隊時代に過剰表現はやめたはずなのですが、アギトでは監督に「ちょっと動き過ぎ。動かないで」と注意されました。ナチュラルな演技を心がけてきたつもりだったのですが、ライダーの現場ではそれでも身振り手振りが大き過ぎたようなのです。とくにアギトは、寡黙でミステリアスなキャラクターだったため、変身後いきなり動き過ぎたら、整合性がなくなってしまいます。

いちばん大変だったのは、俳優とライダーが会話をするシーンです。俳優は喋れますが、僕たちスーツアクターは後でアフレコを入れるため喋ってはいけないので、パントマイムでお芝居をしなければなりません。不自然にならないように、なるべく顔を動かさず、体の向きで台詞を喋り終えたことを俳優に伝えるようにしました。

それでも「動き過ぎ」と言われて、「だったら、微動だにしないぞ！」と、その場に突っ立っていたら「ＯＫ！」の声がかかったこともありました（笑）。物語に沿っていれば、動かないのも表現の一つ。その時の感情がちゃんと演技に乗っかっていれば、動く必要はないのです。動かない芝居もあることを、ここで学びました。

この頃は、フィルム撮影からビデオ撮影に変わった時期でもあります。ビデオ機材がまだ撮り切りみたいな感じで、撮影時にコマの速度を上げるなどの映像の調整はできませんでした。スローとか早回しとかはできないので、僕がアギトを実際に演じた時のスピードが、そのまま完成作品のアギトのスピードになります。

そこで、アクションの尺が少し長いと、冗長に感じてしまうため、アクション監督の判断で、一つのアクションのカットを細かく割ることでスピード感を出します。ということは、僕は細かく割られたカットの数だけ、その演技を何度もやらなければならず、かなりの負担を強いられるのです。

さらに、アギトでは衣装の動きにくさにも苦戦しました。仮面ライダー用のスーツには、アップ用とアクション用があり、アギトのアップ用はウエットスーツで、アクション用も伸縮性はあるもののやはりゴム素材でした。スーパー戦隊の布地に比べるとかなり動きにくく、しかも甲冑系なのでパーツが体に当たると痛いし、熱が籠もるのです。夏は暑く、冬は寒く、最悪でした。

『アギト』については、細かなアクションよりもお芝居の部分が濃密だったというのが、初めて仮面ライダーを演じてみての僕の感想です。この時期、撮影そのものに関して、スタッフの認識が根本的に変わってきたように思います。お芝居の濃さに引っ張られて、僕らスーツアクターのアクションも人間の芝居であり、特撮ヒーロー作品ではなくあくまでもドラマを撮っている気持ちで取り組んでいました。

この気持ちは、この後に続く仮面ライダーでのお芝居のベースとなります。『アギト』の次の『仮面ライダー龍騎』(2002〜2003年放送)、そして『仮面ライダー555』(2003〜2004年放送)、『仮面ライダー剣』(2004〜2005年放送)と続けて役をいただき、このまま仮面ライダーでいくのかなと思ったら、『仮面ライダー響鬼』(2005〜2006年放送)は別のスーツアクターがやることになったので、僕はその年はスーパー戦隊に戻り『魔法戦隊マジレンジャー』(2005〜2006年放送)のマジレッドをやらせていただくことになります。


「来年はスーパー戦隊でレッドをやってもらうから」と、事務所から連絡をもらい、僕は驚きながらも、正直「やった!」と思いました。実際、スーパー戦隊に戻ったら、めちゃくちゃ楽しかったです。

スーパー戦隊の魅力は、1人ではないということ。常に1対1ではなく、5対1で戦えるので、安心感があります。レッドは画的にセンターが立ち位置ですが、エピソード的な主役は各メンバーが担当するので、脇役になることも多い。そのようなパターンは、仮面ライダーでは少ないので、久々にスーパー戦隊らしさに浸れて新鮮でした。『マジレンジャー』の撮影が始まると、あっという間に1年が過ぎ、終盤になると再び仮面ライダーに戻ることが分かっていたので、周りから「1年ゲスト」と呼ばれることもありました。

アドリブだらけだった『仮面ライダー電王』

『マジレンジャー』から『仮面ライダーカブト』（2006～2007年放送）に戻ってきて、台本を読ませていただいた時、改めて仮面ライダーの物語の内容は濃いなと思いました。『クウガ』からいわゆる平成仮面ライダーがシリーズ化されて、『アギト』からまさか自分が18人もの仮面ライダーを演じるとは思ってもみませんでした。

それぞれ思い入れがあって順位は付けられないのですが、いちばん印象に残っているのは『仮面ライダー電王』でしょうか。一般的にも、平成仮面ライダーの人気が定着したシリーズと認識されているようです。『電王』のお話をいただいた時、プロデューサーから「主人公に4人の化け物（イマジン）が憑依して、色々と人格が変わります」と言われ、「これはやっかいだな」と思いました。

4人のイマジンの声は人気声優さんが担当することになっていて、僕は最初に声優の関俊彦さんのアフレコテストを聴きに行き、イメージを膨らませました。今までは変身前の人間（俳優）の所作や癖を見てキャラクター像を作り上げてきたのですが、今回は変身前の人間ではなく、変身前の人間に憑依するイマジンが変身する仮面ライダーなので、僕が単独で作り込むキャラクターになります。

結果、関さんが声を担当したイマジンのモモタロスは、大人気となります。しかし、主役の良太郎を演じる健（佐藤健）とイマジン4人とで電王を共有するのは、かなりややこしかったです。例えばモモタロスの場合、良太郎に憑依するので、モモタロスのキャラクターのイメージを健に伝えます。健には、「モモタロスは、チンピラとまではいかないけど、ガサツでガラが悪そうな感じ」と説明しながら、ちょっと演技を見せました。

健は当時、お芝居はほぼ初めてだったと思いますが、演技の上達は早くて最初から器用さはあった気がします。とくに身体能力の高さには驚きました。4人目のイマジンであるリュウタロスがダンス系のキャラクターになったのは、健がダンスが得意だったからだと思います。

すっかり人気者になったモモタロスですが、当初4人のイマジンは電車（時の列車「デンライナー」）から出られない設定でした。外で良太郎がピンチになったら良太郎に憑依して、戦いが終わったら電車に戻ってくることになっていたのです。そもそもモモタロスの衣装はディテール優先で、アクション向きではありません。当初はアクションをする予定はなく、電車の中での小競り合い程度と考えていましたが、まさかあんなに出番が増えるとは（笑）。

電車の中でのシーンも、あそこまで多く見せる予定ではなかったようです。わちゃわちゃした感じが好評で、電車の中でのシーンが増えていったのは、じつは僕たちのせいです。健は「最弱ライダー」という肩書があったので、常に弱々しい雰囲気をキープしていて、賑やかすのは4人のイマジンになります。そこで、台本上にある賑やかしのシーンに、僕らが勝手に肉付けをしていました。いわゆるアドリブですね。肉付けしたものに監督がOKを出すのでそのままオンエアされて、監督が代わる度に段々「肉付けしよう」から「肉付けしろ」になり、基本は台本通りにやりますが、半分近くアドリブでした。

例えば冬の時期、僕らが「コタツがあったら面白いよね」と言ったら、正月編で本当に電車の中にコタツを置いたり、風呂上がりのイマジンの描写があったり。さらに、オーナー役の石丸謙二郎さんが、僕らに負けじと小ネタを出してくるのです。急に台本にはないマジックを勝手に始めた時は、笑ってしまいました。

その分、声優さんたちはとても大変だったと聞いています。アドリブの台詞は、スクリプターさんが逐一記録をして、アフレコ時に声優さんに「高岩さんは、ここではこんな風に喋っていました」というように伝えてくれるのです。僕らの自由過ぎるアドリブに、声優さんたちがドンピシャで声を当ててくれたおかげで、めちゃくちゃ面白くなりました。『電王』は、ヒーローのライダーだけを担当している時に比べ、僕の拘束時間はとても長く、おかげで良太郎やオーナー、ハナ、コハナ、ナオミなど、素面のレギュラー陣と一緒にいる時間も長くなり、チームワークは抜群でした。そのことも、『電王』が印象に残っている理由の一つかもしれません。

俳優の癖を活かす

変身前の俳優と演技のすり合わせをする時、僕は俳優が演技に入る前のプライベートの部分に注目します。例えば『仮面ライダードライブ』（2014〜2015年放送）の主役を演じた竹涼（竹内涼真）。彼は、自分の普段の癖が役にも出るタイプ。つまり、役に自分を近づけるのではなく、役を自分に引き寄せる俳優だといえます。プライベートの竹涼とキャメラの前の竹涼を観察していると、どちらでも同じ仕草をすることがあり、それを拾ってライダーの演技に取り入れていました。すると、変身後も僕のちょっとした仕草で「あ、竹涼だ」という雰囲気が出るのです。

また、『電王』のモモタロスの場合、鬼で喧嘩っ早くて暴れん坊のキャラクター。変身前の俳優は存在しないので、「誰に似ているかな？」と参考にできそうな人を考えていると、頭に浮かんだのが俳優の寺島進さんでした。最初は寺島さんを参考にさせていただいていたのですが、モモタロスの人気が出てきて台詞が増えてくると、段々芝居が武田鉄矢さんに似てきてしまいました。台詞は声優の関さんが担当しているので、言い回しが似ているわけではなく、身振り手振りが武田鉄矢さんになってしまうのです（笑）。

さらに、『電王』のリュウタロスのガンアクションは、完全に『あぶない刑事』の柴田恭兵さんが入っています。つい好きな俳優さんの演技を、ライダーに乗せてしまうことがよくありました。ちょっとしたおとぼけシーンがあると、その時も武田鉄矢さんが出てきたり、その他吉本新喜劇の芸人さんが出てきたり。見る人が見ると「〇〇に似ているよね」

と気付かれることがあり、ビンゴだと「よし、伝わった！」と、ちょっと嬉しくなったりもしました。僕は子どもの頃からテレビっ子だったので、とくに思春期の頃に見たテレビドラマや映画で活躍していた俳優さんの演技が、目に焼き付いているのだと思います。

仮面ライダーの主役の俳優から、演技について聞かれることもあります。とくに熱心だったのが、仮面ライダー好きで有名な竹涼です。彼は自分の出番がないのに電車で現場まで来て、僕の芝居とアクションを一日中見ていました。そして、「ここ、どんなポーズにするんですか？」「この時、どうやるんですか？」ということを、逐一聞いてきました。

また、人見知りな子もいるので、そんな時は僕から話しかけるようにしていました。たいていお芝居が初めてという子が多く、最初はどうしても委縮するものです。そんな状況で、いきなり「演技どうしようか？」といった話はできないので、1〜5話くらいまでは様子を見ます。現場で観察しながら、なんとなくそろそろかなというタイミングで、

「このシーン、どうする？」

「俺はこう思っているんだけど、何か考えある？」

と、話しかけます。多分10話くらいまでは、本人が試行錯誤をしている時期。あまり突っ

込んだ話をしても負担になるだけなので、細かいことは2クール目くらいにすり合わせるようにします。

平成仮面ライダーを18人演じてきて、多くの若手俳優と共演させていただきました。とくにお芝居が初めての子は、最初こそ台詞も棒読みで「大丈夫か？」と心配になりますが、半年もすればお芝居に慣れてきて、スタッフともコミュニケーションがとれるようになります。気付けば顔の表情が変わってきて、後々化ける子が多いなというのが印象です。多分、途中何かのきっかけでスイッチが入るのでしょう。若者たちの成長が見られるのも、楽しい経験でした。

仮面ライダーからの卒業

18人もの仮面ライダーを演じ続けてこられた理由は、自分でもよく分かりません。こればかりは、僕がやりたいと言っても、決定権はプロデューサーにありますから。毎年、番組が終わる間際にプロデューサーから「来年もよろしくお願いします」と、オファーをいただくのが恒例となっていました。途中、プロデューサーが替わっても使い続けていただけたのは、ここまできて交代させるのは気が引けると思われたのかもしれません（笑）。

『ゴーゴーファイブ』で、演技に対する変化があり、翌年から平成仮面ライダーがスタートし、いいタイミングだったのだと思います。『クウガ』、『アギト』、『龍騎』あたりは、制作側も試行錯誤を繰り返していた時期で、元々は『龍騎』で平成仮面ライダーは終わって、次はメタルヒーローを予定していたらしいです。ところが、『龍騎』がヒットしたため辞めるに辞められなくなり、さらに『555』も大当たりして、そこから平成仮面ライダーシリーズが続くことになります。

とくに『龍騎』は、13人もの仮面ライダーが登場するので、個々のキャラクターを色濃く出さなくてはならず、変身後のお芝居が多くて大変でしたが、僕のスーツアクターとしての演技の方向性が見えてきた時期でもあります。

僕の体力的にもいちばん充実していたのが、『電王』、『仮面ライダーキバ』(2008〜2009年放送)、『仮面ライダーディケイド』(2009年放送)あたり。主人公の年齢設定も20代だったので、リンクしやすかったというのもあります。『ドライブ』や『仮面ライダーゴースト』(2015〜2016年放送)の頃になると、体力的にキツくなってきて、トリッキーなアクロバットもできなくはないのですが、若者に任せたいと思うようになりました。

『仮面ライダージオウ』（2018〜2019年放送）の時、僕は50歳。よくここまで使っていただけたなと感謝しかありません。『ジオウ』の主役を演じた奥野壮は、なんと僕の長男よりも年下。主役は高校生という設定だったのですが、50歳のおじさんがやるのはさすがに無理があるなと思いました。とくにシリアスなシーンになると、高校生のシリアスな表現ができなくて、頑張って役に寄せても風格みたいなものが出てしまうのです。

『ジオウ』は平成仮面ライダーの節目となる作品。僕はこの作品でスーツアクターから離れようと思っていたので、令和仮面ライダーの第1作目の『仮面ライダーゼロワン』のお話をいただいた時は、正直お断りするつもりでした。そうしたら、悪役だと聞いて、「そういえば、悪役は1回もやったことがないな」と思い、ギリギリまで迷いながらも「これを最後にしよう」と、お引き受けすることにしたのです。

悪役は楽しかったです。クールなキャラクターだったので、あまり動く必要もなく、50歳の体でも対応できました。最後としては適役だったと思います。すべてが終わって、もういいだろうと（笑）。切っても何も出てこないという感じです。やり切りました。長い間仮面ライダーの主役をやらせていただき、気負いもなく淡々と現場に行って撮影しての繰り返しだったのですが、やはり気付かないうちにプレッシャーを感じていたのかもしれません。

終わった瞬間、ホッとしたというのが正直な感想です。寂しくなるかなと思ったのですが、全然そんなことはない（笑）。もう早起きをして現場に行かなくてもいいし、夏場の苦しさ、冬の寒さから解放されると思うと、嬉しくて仕方ありませんでした。

ＪＡＥから独立してフリーに

そして、２０２１年10月31日に長年お世話になったＪＡＥを離れ、フリーになりました。フリーになることについて、嫁とは話していたのですが、息子たちには言っていませんでした。「ＪＡＥを辞めたよ」と言ったら、「え〜！」って、驚いていました。２人とも撮影現場に連れて行っていたので、彼らなりに思うところはあったのでしょう。

ＪＡＥで仮面ライダーをやっていた時は、「高岩は忙しいから、スケジュールは押さえられないだろう」と言われていたようなのですが、フリーになってからは、おかげさまで、舞台やドラマなど、色々な方面から声をかけていただいています。

２０２２年4月、坂本浩一監督によるＷｅｂ配信ドラマ『グッドモーニング、眠れる獅子』では、顔出しで初めて主演を務めさせていただきました。坂本監督は『仮面ライダー

W』（2009〜2010年放送）以来お世話になっていて、「高岩で何かやってみたい」と誘われたので、お受けしました。敵役は平成仮面ライダーの主役を務めた『仮面ライダー剣』の椿隆之、『仮面ライダーディケイド』の井上正大、『仮面ライダー鎧武』（2013〜2014年放送）の佐野岳、『仮面ライダーゴースト』の西銘駿が務め、同窓会みたいで楽しかったです。『ゴースト』では僕も顔出しの役柄もありましたが……、ライダーではお芝居として絡むことはなかったので、嬉しかったですね。

僕の役はアイドルのマネージャーで、じつは元傭兵で八極拳の使い手という設定なのですが、勝手が違うなと思った部分もあります。僕に絡んでくるのが、JAE以外のアクションチームの子たちだったので、僕とはアクションスタイルが違うのです。リズムが違うというか、馴染みがないから新鮮で面白かったのですが、正直大変でした。でも、それが監督の狙いだったみたいです。今まで仮面ライダーを見てきた視聴者たちに、僕の新しいアクションを見せたいという想いがあったらしいです。やっと仮面ライダーを退いたと思ったら、また新しいアクションを求められるとは（笑）。

とくに、ナイフアクションなんてやったことがなかったので、あれは苦戦しました。監督が多忙な人だから、とにかく撮影が早くて、せかすのです。

「終わりました？　終わりました？　行けます？　行けます？」

「ちょっと待ってください！　あと10分ください！」

ナイフアクションは、事前練習ができなかったので、現場で10分間リハーサルをしてすぐに本番。ものすごい集中力で、とりあえず大体が1テイクOKでした。

大変ありがたいことに、ドラマは好評で、2023年4月に第2弾が配信されました。前回がアイドルのマネージャー役で、ドラマの冒頭で「オタ芸」を披露したのですが、「第2弾では高岩に何をやらせたいか？」って、僕のイメージとかけ離れたものが良いと考えていたみたいです。それで、キッチンカーの見習いシェフ役としてエプロン姿になりました。共演する適役の俳優が誰なのか、なかなか教えてくれなかったですし、楽しんでますよね（笑）。満を持して知らされたのが『仮面ライダーアギト』の賀集利樹、『仮面ライダー555』の半田健人、『轟轟戦隊ボウケンジャー』（2006〜2007年放送）の出合正幸、『忍者戦隊カクレンジャー』のケイン・コスギでしたから。僕とやっていた頃から月日が経って、イイ味になるんじゃないかなと思いました。アクションも前回を超えるハードさで……、シリーズ化してほしい気持ちもありますが、今後がまた続くのであればとても怖いです（笑）。

他にも舞台にお誘いいただくことが多くて、本当にありがたく、それぞれ楽しくやらせていただいています。コミカルな要素として時たま仮面ライダー的な台詞を交えるなどの小ネタも入れたりするのですが、観客の方々に笑ってもらえるととても嬉しいです。結局、僕が求められるのはアクションなんだなと実感しています。面を被るか被らないかで、今後もアクションはついて回ると思います。

9年前の2014年からワークショップを行っているので、これは今後も力を入れて続けていこうと思っています。一般の方を対象に、アクションに親しんでいただく、楽しんでいただくをコンセプトに始めました。実際に体験することで、映画やテレビでアクションシーンを見た時「あ、こういうことをやっているんだ」と、見方が変わってまた違う楽しみ方ができると思います。

後に詳しく語っていきたいと思いますが、一般の方以外にも、若手の俳優さんやモデルさん、声優さんなどがいらっしゃるケースもあります。演技や体作りの一環でアクションを学びたいけど、アクションチームに行くのは敷居が高いという場合、ビジター的に試せるので重宝されているようです。また、これからスタントマンやアクション俳優になりたい子たちが、いきなりアクションチームに応募するのは不安らしく、僕のところに相談に来られることもあります。

今後はまだプレイヤーでいたいという気持ちもあるし、演出もやってみたいし、しばらくはプレイヤーでしょうか。その合間で、舞台や演出に携わることができればいいなと思っています。

第2章

特撮ヒーローとスーツアクターの歴史

特撮ヒーローが認知されるまで

そもそも「スーツアクター」とは何か。調べると、「着ぐるみを着用して擬斗やスタントなどの演技をする俳優にしてスタントマン。言葉そのものは日本の特撮映画・テレビドラマで使われてきた和製英語で、ハリウッド映画など海外では用いられない」とあります。

昔の変身ヒーロー作品では、変身前の主人公を演じる俳優自身が、変身後のスーツアクションも行っていました。例えば、千葉真一さんがそうです。千葉さんは元々体操選手でオリンピックを目指していたのですが、怪我で断念されて、俳優業に入ったと聞いています。当時、殺陣はあったと思いますが、擬斗やアクションは定着していなかったらしいです。そこで、千葉さんが自分のアクションに合わせて動くことのできる俳優を育成するために、ジャパン・アクション・クラブ（JAC：現在のJAE）を創設しました。1970年のことです。

昭和の『仮面ライダー』の藤岡弘、さんも、変身後もご自身がスーツアクションを演じられていたのですが、撮影中に大怪我をされて藤岡さんの撮影が中断。苦肉の策として仮面ライダー2号を登場させたのは有名な話です。このことがきっかけで、危険を回避するために、変身後はアクション担当の人間が演じるようになったと言われています。

また、スーパー戦隊『科学戦隊ダイナマン』（1983〜1984年放送）以降、最終回近くになると、変身前の俳優が変身後もスーツアクターとしてアクションを行うのが恒例となっていました。僕も経験しています。いわゆる思い出作りというやつです。内輪だけのちょっとした楽しみですね。

ところが、変身前の俳優がスーツを着ると、今まで何十話もやってきたスーツアクターと明らかに体型が異なります。確かに、変身前と変身後と同一人物なので体型はリンクしているのですが、視聴者は普段のスーツアクターの体型の印象が強いため、「あれ？　こんなに細かった？」「激ヤセした⁉」と、違和感を覚えるわけです。それで、東映やテレビ局からクレームが入ってしまい、「やめましょう」ということになったようです。

顔を出せない葛藤の時期

1980年代当初は、売り出し中の俳優がスーツアクターを演じることが多かったのですが、俳優の命でもある顔を露出しないため、敬遠されていました。JACでも、僕もそうですが、アクション俳優を目指している人に、面を被るスーツアクターは人気がありませんでした。僕の少し上の先輩になる某有名俳優さんは、事務所に「特撮は絶対にやらない」と宣言していたほどです。しかし、結局仕事がないので、別の事務所に移籍して、そこで有名になったのですが……。その先輩だけではなく、当時は顔出しにこだわって、特撮の仕事を嫌がる人は結構いました。

顔出しができないのもありますが、特撮を子ども向けだからと、どこかで下に見ていたのではないでしょうか。今では死語ですが、当時、特撮は業界用語で「ジャリ番」と呼ばれていました。「ジャリ」は、スラング的な言葉で「子ども」という意味です。今、「ジャリ番」と言ったら、特撮に関わっている人たちは怒ると思います。正直、僕も特撮の仕事を下に感じていた時期がないわけではありません。ちゃんと大人の人に見てもらって認められたいというか、変な壁のようなものを作って気にしていたのです。

実際、昭和後半から平成の頭の頃は、特撮出身だということを隠す俳優さんは多かったです。おそらく、事務所側の方針だったのだと思います。なぜなら、特撮出身の俳優は、ナチュラルな芝居ができないという変なレッテルを貼られていたからです。僕も「スーツを着ていないと芝居ができない」「スーツを脱いだら使えない」と言われて、顔出しの仕事はほとんどありませんでした。その点、藤岡さんだけは別格です。昔からドーンと構えて「私が仮面ライダーです」と、堂々と言っていました。

時代が変わったなと思うのは、平成仮面ライダーの主役の俳優たちも、特撮出身であることを隠さないことです。健（佐藤健）も竹涼（竹内涼真）も、菅田将暉も、バラエティ番組で変身ポーズを披露したりして、世間からも「仮面ライダー俳優ってすごい！　カッコいい！」と認知されていきました。そして、いまや仮面ライダーは新人俳優の登竜門的な存在になっています。そうすると、以前は特撮出身をひた隠しにしていた俳優さんも「じつは私も仮面ライダーをやっていました」とカミングアウトするようになりました。それだけ特撮ヒーローが評価されてきたのだと思うと僕も嬉しいです。

平成仮面ライダーの主役の俳優たちは、仮面ライダー愛が強い子が多いのも特徴です。例えば、僕が『ジオウ』で引退するという話を聞いて、福士蒼汰は忙しいスケジュールの合間にゲスト出演をしてくれました。それから、『仮面ライダーオーズ』（２０１０〜２０１１年放送）の主役を演じた渡部秀は、仮面ライダーになりたくて秋田県から出てきたと言っていました。仮面ライダーだけでなくヒロインに憧れる子もいます。『ドライブ』のだーりお（内田理央）は、仮面ライダーのヒロインになりたくて、年齢の面で迷ったけれどオーディションを受けてヒロインの座をつかんだそうです。

また、2000年に仮面ライダー生誕30周年を記念して結成されたRIDER CHIPSというオフィシャルバンドがあります。ギターの野村義男さん、ベースの寺沢功一さん、ドラムの宮脇JOE知史さん、キーボード・アレンジャーの渡部チェルさん、ボーカルのRickyさんが活動しています。さらに2010年の40周年では仮面ライダーGIRLSというガールズユニットも結成され、現在は井坂仁美さん、秋田知里さん、鷲見友美ジェナさんが活動しています。それぞれ、主題歌や挿入歌などを担当し、イベントやライブも積極的に行ってらっしゃいます。イベントライブには仮面ライダーが出演することもあるそうで、特撮が音楽やイベントでも大人も楽しめる機会が増えた印象があります。

「スーツアクター」という名称が定着

昭和の仮面ライダーシリーズも大人気でしたが、スーツアクターに注目するのはごく一部のマニアックなファンだけでした。1971年より開始された『仮面ライダー』の戦闘員や怪人役から始まり、昭和の歴代仮面ライダーを演じ、「ミスター仮面ライダー」と呼ばれていた中屋敷哲也（旧名：中屋敷鉄也）さんも、今でこそレジェンドと言われていますが、当時は世間一般には知られていなかったと思います。

それが、平成仮面ライダーで主役の俳優が人気になるにつれて、僕らも少しずつ取材を受けるようになってきたのです。『クウガ』のオダギリジョーさんから徐々に女性ファンが増えてきて、僕らにも興味を持っていただけるようになったのは『龍騎』あたりからの印象です。でも、僕らは本来「影の人」なので、「出ちゃっていいの？」と、戸惑う部分もありました。

当時の取材は、ほとんどが主演俳優との対談でした。僕一人で取材を受けるようになったのは、『電王』からです。『電王』がめちゃくちゃうけたおかげで、スーツアクターのお芝居にも目を向けてくださる視聴者が増えて、スーツアクターとしての演技についてインタビューされるようになりました。

「スーツアクター」という名称も、この頃にコアな特撮ファンの方が作ったらしいです。それまでは、「着ぐるみ俳優」とか「ぬいぐるみ俳優」、「中の人」など、バラバラでした。じつはスーツアクターと呼ばれ始めた頃、僕は若干抵抗がありました。

「どうして『スーツ』を付けるのかな。『アクター』だけでいいのに……。俳優のつもりでやっているんだから」

スーツアクターという響きは、カチッと型にはめられたような気がして、どちらかといえば、「中の人」のほうが、フワッとした印象で僕は好きでした。でも、少しずつスーツ

アクターが定着してきて、僕自身もメディアから「スーツアクターの高岩さん」と呼ばれるようになってくると、

「まあ、いっか。職業の一つとして認知されたんだから、それはそれで喜ばしい出来事なのかな」

と思うようになりました。今までは、基本人前で面を外してはいけなかったのですが、雑誌に自分の顔写真と名前が載っているのを見ると「もう隠さなくていいんだ」と、素直に嬉しいです。現在も「中の人」と呼ばれることもありますし、僕としては呼び方はとくに気になりません。

以前、『オーズ』の劇場版で東映京都撮影所に行った時のこと。ゲストの松平健さんの楽屋にご挨拶にうかがい、プロデューサーが松平さんに出演者を順番に紹介していくのですが、僕のところで一瞬止まって考えながら「……中の人です」。僕のことをどう説明したらいいのか分からなかったのでしょう（笑）。どんな説明をしても手短に紹介するのは難しく、「ん？　え？」となったと思います。

「俺、俺、父ちゃんだよ！」

子どもたちの反応は面白いですね。今も昔もヒーローショーをやっていた時と変わりません。長男は、内心分かりませんが、僕がライダーを演じている認識はあったのか、放映を見ても、現場に連れて行っても、楽しそうに見ていました。

次男の幼稚園のイベントでは、『電王』のスーツを着てサプライズ登場をした時、次男は電王が自分の父親だと知っているはずなのに、まるで他人を見る目なのです。他の子が「わ～！」と集まってくるのは分かるのですが、次男も一緒に「わ～！」と駆け寄ってくるから、「お前は分かっているだろう！　俺、俺、父ちゃんだよ！」と言っても、まったく聞こえていません。正体を知っているはずの次男でさえ、目の前の電王が本物で、変身しているのは良太郎だと思っているのですから、他の子もすっかり信じていました。

また別の日に、次男が撮影を見学に来た時は、モモタロスのスーツを着て出たら大号泣。慌てて面を外して「父ちゃんだよ」と素顔を見せても、さらに大号泣（笑）。自宅でテレビを見て正体を知っているのですが、4～5歳くらいの子どもはその時見たものがすべてなのだと実感しました。『電王』の頃は、色々と楽しませていただきました。節分にモモタロスのスーツを着てご近所を回ったことがあるのですが、ご両親が子どもたちに「高岩さんだよ」と言っても「モモタロスだ!!」と信じて疑わなかったです。

また、『劇場版 オーズ・電王・オールライダー レッツゴー仮面ライダー』（2011年公開）の際に、プロデューサーが11歳くらいの男の子を探していると聞き、「ウチの長男、11歳なので丁度いい歳ですよ（笑）」と半ば冗談で話したところ、少年ライダー隊の一人に起用していただき、親子で共演しました。

広がるスーツアクターの世界

スーツアクターと一括りにしても、じつはさまざまな種類があります。例えば着ぐるみ人形による子ども向けの舞台劇を行う劇団。有名なのは、劇団飛行船さんや劇団こぐま座さんです。世界名作劇場やキャラクターミュージカル、オリジナル作品などを、全国各地で公演しています。僕も子どもの頃、「赤ずきんちゃん」などを見た記憶があります。このような人たちも、着ぐるみという衣装を着て演技をし、多くの子どもや大人たちを楽しませています。

他にも、プロ野球の球団マスコットも、バック転など派手なパフォーマンスで球場を盛り上げるため、スーツアクターが担当しています。キャラクターも一人ひとりが独特な個性を持っているので、高い演技力も必要です。

また、ゆるキャラやご当地ヒーローを担当しているのもスーツアクターです。最近、ご当地ヒーローが増えてきていて、全国各地で盛り上がっています。2015年には北は北海道、南は沖縄県まで80人のヒーローが集結して『日本ローカルヒーロー大決戦』という映画が制作されました。演じているのは、サラリーマンや自営業の方などさまざまです。

『ドゲンジャーズ〜ナイスバディ〜』(2021年放送)。不祥事が続きドゲンジャーズの人気が急降下してしまうところから始まる2ndシーズン。

中には、オリジナルキャラクターを独り立ちさせ、地元の協賛を受けて、番組を作ってしまったところもあります。僕も関わっているのが、九州の『ドゲンジャーズ』。元々はそれぞれ個別で活躍していた九州のご当地ヒーローたちが集結して制作された、福岡を舞台にした本格的な特撮ヒーロー作品です。特撮ヒーロー好きの映像制作会社・悪の秘密結社の笹井浩生社長が、ガチで東映と渡り合いたいと企画したそうで、自らスポンサーを集めてテレビ枠をゲットしたというから驚きです。

監督は元東映の監督が担当しています。笹井社長はシャベリーマンいう名で脚本を担当、さらに悪役として出演しスーツアクターも兼ねています。JAC（JAE）時代の仲間も参加していて、僕も誘われて2ndシーズンではグレイトZ役でお手伝いさせていただきました。2020年に1stシーズンの放送がスタートし、年に1シーズンのペースで2ndシーズンと3rdシーズンを経て、2023年4月から4thシーズンが放送されました。

高岩成二がスーツアクターを務めたグレイトZ。不祥事の続くドゲンジャーズが乱した正義を正すという考えを持っている。2ndシーズンの重要キャラクター。

笹井社長は福岡を盛り上げる気持ちだけでなく、東映と肩を並べるべく突き進んでいます。特撮ヒーロー好きもここまでくると尊敬しかないです。僕らは熱いファンに支えられていることを忘れてはいけません。

スーツは痛い、暑い、寒いが当たり前

スーツアクターは、通気性が悪く動きにくいスーツに面を付けてアクションを行わなければなりません。視界や関節に制限がかかった状況でのアクションやスタントは、生身のスタントマンよりも高度な技術が必要と思われがちですが、そこまで技術に差はないような気がします。

確かにスーツに関しては、常にデザイン優先です。当たると痛い、夏は暑い、冬は寒いが当たり前です。スーツは造形部さんが作ります。決定したデザインを見ながら、色んな素材を集めてサンプルを作り、プロデューサーさん、スポンサーさん、デザイナーさんがチェックをするという流れになります。

基本、僕らスーツアクターの意見はあまり反映されません（笑）。しかし、「もう少し伸縮性のある生地にしていただけるとありがたいのですが……」と言うと、「なんとかします！」と頑張ってくれます。

仮面ライダーは、毎年スーツのデザインが大きく変わるのですが、デザインによって負荷のかかる場所も変わり、体がそれに馴染むまでは結構な時間を要します。作品は1年と

いう長丁場なので、やっていくうちに要領を得てくるのですが、しかしやっとこなれてきたなと思ったら、フォームチェンジという、演じる側にはやっかいなものが登場します。フォームチェンジでパワーアップしているはずが、中の僕らはどんどんパワーダウンしていきます（笑）。色々な部品が追加されたり大きくなったりで、最終形態のフォームはとにかくどれもこれも動きにくい。

とくに苦労したのが、『仮面ライダーエグゼイド』（2016〜2017年放送）のLV.99です。巨大な寸胴のロボットといった趣で、着るのは簡単なのですが、如何せん上手く歩くことすらできない。アクション以前にしょっちゅうスタッフにぶつかったり、照明の脚を蹴ってしまったり、現場では迷惑がられていました。胸が大きくて空間があるので、そこにポケットを作って小物や台本を入れて持ち運ぶのには重宝しました。

また、デザインがすっきりしているから動きやすいともかぎりません。例えば『W』のサイクロンジョーカーは、パッと見スタイリッシュでシンプルなフォルムでしたが、見た目以上に動きにくかったです。『W』は2人で1体のライダーに変身するキャラクターだったので、それを表現するため、スーツの色が体の左右で黒と緑に分かれていました。元々は全体が黒ベースで、体の右側の緑の部分は黒のベースに緑の塗装をしているため、黒の部分よりも硬いのです。つまり、体の左半身は柔らかくて右半身は硬いアンバランスな状態で、アクションをしなければなりませんでした。

結局今思えば、最初に着て痛い、暑い、寒いと思った『アギト』のスーツが、装飾も少なくベルトもシンプルでいちばん動きやすかった気がします。

アップ用とアクション用のスーツ

『アギト』のくだりで少しお話ししましたが、どの仮面ライダーのスーツも、アップに耐えられるきれいなものとアクション用のものと2パターン用意されます。アップ用は、叩くとコンコンと音がするくらい硬いＦＲＰ樹脂という素材が使われています。アクション用は、動きやすいように柔らかいウレタン素材で作られていますが、耐久性に劣り、破損しやすいのです。『電王』あたりから、壊れると修理にお金がかかるので、アクション用ももっと頑丈に作ろうという流れになってきて、重いし硬いし暑いしで大変でした。

制作予算が限られているので、削れるところは削ろうというわけです。現場では「お金がかかるから壊すなって、アクションはどうするんだ！」と、重くて硬いスーツが嫌で、わざと壊そうとしたこともあります。でも頑丈過ぎて、逆に中の僕らのほうが壊れそうになって諦めました（笑）。

実際、スーツを壊さないように演技やアクションをするには、スーツアクターの技量が重要になります。近年の仮面ライダーのスーツには至る所に突起があり、とくに面には長い触覚や角を付けていることが多いので、アクション中に接触したりパンチが当たったりすると破損します。僕は1回も折ったことがないのですが、若手は折ってしまうことが結構あります。

僕はアクションをする時、面の触覚や角がどこまであるか常に頭の中に入っていて、考えながら動いています。ただし、最近の仮面ライダーは、普段からしょっちゅうさまざまなフォームチェンジがあるので簡単ではありません。

じつはスーツの下に着るインナーも重要です。いわゆる全身タイツですね。大昔は、頭には手ぬぐいを巻いて、自前のTシャツに短パンやジャージを着ていました。今の形状になったのは、諸先輩方が試行錯誤を繰り返し、それを僕らが引き継いできた結果です。今現在のインナーが、多分最終形態ではないでしょうか。

インナーの始まりは、『秘密戦隊ゴレンジャー』や『バトルフィーバーJ』（1979〜

1980年放送）あたりからだと思います。ヒーローショーであれば、インナーはTシャツに短パンでも大丈夫なのですが、映像になると段差が浮き上がったり、Tシャツのプリントロゴが透けたりするのでNGです。色は基本黒ですが、スーツの色によって変わります。インナーの生地は薄くても1枚着ているだけで安心感が違います。例えば火薬を使う時、スーツが火の粉で焼けることがあるのですが、インナーを1枚着ているだけで火傷を回避できます。

インナーのサイズはS、M、Lなどに分けられていますが、ちなみに、僕はインナーもオーダーメイドです。東映には僕のマネキンがあるので、それに合わせてインナーも作ってもらっていました。

時代とアクションの変化

顔を出している俳優さんは表情を使った演技ができますが、スーツアクターは面を被っているので身振り手振りを使った高い演技力、パントマイムのような技術が求められてきました。ヒーローショーや昭和の時代は、分かりやすく大げさな演技が一般的でしたが、時が経つにつれて、ナチュラルな演技に変わってきているとお話ししました。

アクションについても、昭和の特撮ヒーローは動きが大きいのが特徴です。パンチは「ブイーン、ブイーン」みたいな大振りで、キックは「スパッ」とではなく、今の感覚で見るとリアルな感じがします。でも、当時それがカッコよかったのです。

その時の特撮ヒーローは、1964年に殺陣師の大野幸太郎さんが設立された大野剣友会という剣技専門の方たちが数多く担当していたので、擬斗やアクロバットは専門外でした。それが昭和後半から平成の頭にかけてアクションを美しく見せる方向へ変わっていき、その流れを作ったのがJAC（現在のJAE）です。JACはトランポリン担当で入り始め、そこから形に拘ったキックだったり宙返りだったりをするようになり、アクロバットが主流になります。

さらに平成の終わりから令和にかけて、XMA（エクストリームマーシャルアーツ）とかパルクールとか、変則的な動きが取り入れられてきています。パンチやキックにしても、昔は大振りで「ブイーン、ブイーン」、僕の時代は「スパッ、スパッ」、今は「ダダダダダダダ」。時代によってスピードと手数が全然違います。

あくまでもアクター＝俳優

スーツアクターならではのメリットは、素顔を見せないため、その演技が外見や年齢に左右されないこと。一つの作品で複数の人物を演じられること。また、体力と技術があれば何十年もヒーローを演じられることです。ただし、アクションの技術が高く、体力があっても、ヒーローの演技ができるとはかぎりません。アクションとヒーローの演技は別物で、アクションが上手くてもお芝居ができなければ本末転倒です。

僕が20年以上ヒーローを演じ続けることができたのは、お芝居の部分を評価していただけだからだと思います。アクションだけだったら、僕にもできることとできないことがあります。例えばオートバイのスタントは、バイクスタント専門の方にお願いします。でも、「お芝居の部分はこの人じゃないとダメ。このヒーローの雰囲気を出せるのはこの人だけ」と、現場サイドの制作、監督、プロデューサーに思わせることが大切です。

昭和のヒーローであれば、お芝居の部分も誰がやっても問題なかったかもしれません。それが、『龍騎』あたりからお芝居の部分を重視するようになり、スーツアクターもアクション以上にドラマ部分の演技力が求められるようになってきました。

当時、僕のスケジュールが厳しくて、撮影に参加できないことがありました。すると、制作側と石田秀範監督が大喧嘩を始めたそうです。

「高岩さん、お休みですか。じゃあ、JAEからどなたか代役を立ててください」

という制作側に対し、石田監督が、

「高岩じゃないとダメだ。ドラマ部分のニュアンスが変わってしまうから、撮影の日程をずらす」

と断言したそうです。

それまでは、現場は予算を握っている制作側の意向が重視だったかと思います。しかし、石田監督は頑として首を縦に振らなかったので、それ以来は現場の意見が通りやすくなったと聞いています。

ちなみに、先述した『ビーファイターカブト』で「もう顔出しはやめよう」と僕が思ったのは、石田監督の厳しい指導で心を折られたからです。でも、厳しいけれど面白くやりがいがありました。平成仮面ライダーシリーズに入ってからも難しい要求は多かったですが、それを昇華し、ＯＫをいただくことで、演技の引き出しが増えたのも事実です。

現在、スーツアクターは職業の一つとして認識されていますが、僕は後輩たちに「あくまでも、アクター＝俳優」と言います。俳優が衣装を着てメイクをしてキャメラの前に立つのと一緒で、スーツアクターもスーツという衣装を着て面を被りキャメラの前に立つ。やることは同じで、ただ顔が出ない、自分の声ではない、視界の悪い中でアクションをするというだけです。

だから、後輩たちには、

「アクターであることを忘れないように。アクションができればいいわけではなく、顔こそ出ないけど演技が大事。ヒーローといえば、ポーズをとるイメージがあると思う。ポーズはポーズなんだけど、お芝居の中のポーズなので形にこだわってはいけない」

と伝えています。

進化する撮影技法

時代の流れと共にヒーローの演技やアクションが変化してきたように、撮影技法も変わってきました。とくに仮面ライダーシリーズは、毎年のように撮影技法が変わりました。

一般的な民放のドラマだと、大体が普通のキャメラを使い、特殊な映像を撮ろうとはしません。どちらかといえば、まずは俳優さんのスケジュールが優先されます。

一方、特撮ヒーローの場合は、アクションにしてもお芝居にしても、色々とチャレンジする傾向があります。例えば、360度映るキャメラで撮影したことがあるのですが、どうしてもスタッフが見切れてしまいます。見切れた部分をカットするのに時間と手間がかかるため、そのキャメラは意外と早く使わなくなりました。

特殊なキャメラや新しい機材を取り入れると、キャメラテストを何度も行わなければならず、効率が悪く、コストもかかります。淘汰されるものもあれば、ドローンやGoProなどのように現在重宝されているものもあります。

ドローンを初めて使った時、「あんなラジコンみたいなもので、どう映るんだろう」と疑心暗鬼でしたが、撮れた映像を見てビックリ。昔はヘリコプターをチャーターして撮っていた映像がこんなに簡単に撮れるとは、技術の進歩には目を見張るばかりです。GoProもはじめはキャメラを回してからタイムラグが数秒ありましたが、徐々に性能が良くなってきて今は問題なく使えています。

また、撮影用のメインキャメラもどんどんコンパクトになってきています。特撮は同じカットをキャメラ2台で撮るのですが、今はスマホを入れてキャメラ3台で撮ることも可能です。それくらいスマホの画質が良くなってきているし、スマホだとキャメラよりも手間をかけずにさまざまな角度から撮れるので便利です。近い将来、ドラマも映画もすべてスマホで撮る時代が来るかもしれません。

爆破シーンは火薬かＣＧか

特撮ヒーローのロケは、大体が採石場とかダムとか決まった場所で行われます。火薬が使えるところは、数が限られていることが理由の一つです。特撮の醍醐味といえば、火薬を使った爆破シーンですが、今はＣＧのクオリティが高くなり、ＣＧのほうが火薬を仕様するよりも予算的にも安くあがります。撮影現場の手間暇を考えるとＣＧのほうが楽ですが、やはり実際に爆破させたほうが画の迫力が違うし緊張感があって、僕はライブのほうが好きです。視聴者の方たちも見ていて分かると思います。

高いところから飛び降りるスタントも、ＣＧとワイヤーを使えば、本当に飛び降りる必要はありません。僕らの時代は、スタントはマットに飛び降りるものでしたが、今はあまりやらなくなってきています。予算的にも安全面でも、今、スタントというものが見直されてきているのです。

高いところから飛び降りる場合、ＣＧとワイヤーを使えば地面まで見せられるので迫力ある画が撮れます。一方、マットに飛び降りる場合、地面のマットの部分は見せられないので、せっかく高いところから飛び降りているのに落ちるストロークが短くなってしまいます。監督が地面まで映したいと思ったら、ＣＧとワイヤーを使うのは必須です。今は、迫力においても安全面においてもＣＧとワイヤーが主流です。

キャストクレジット

スーツアクターは、僕は俳優だと思っていますが、映像作品で表に現れるような役割でもないとも認識されています。東映の特撮テレビ番組でのキャストクレジットでは、昔はひとまとめに表示されることもあったと記憶しています。

フィルム時代はフィルムにクレジットを載せるのに、1文字いくらというようにコストがかかっていたそうです。なので、例えばスーパー戦隊の場合、メインキャストの5人とその他のサポートメンバーの名前が載ります。サポートよりももっと若い子も出演しているのですが、クレジットに載せるとお金がかかるので、全員の名前を載せることができませんでした。

近年ビデオになってからは、クレジットはいくらでも載せられるようになりました。ですから、番組に携わったアクション部全員の名前が載ります。例えば仮面ライダーシリーズの場合、役名はなしで、メインライダー、主役ライダーは1人ずつ、その次に他のメンバー全員の名前を載せて、最後に「(ＪＡＥ)」と付されます。

個人的には、役名がなくても単純に自分の名前が載るだけで嬉しいです。

新人のスケジュールは前日に決まる

例えば仮面ライダーシリーズの場合、放送は1年間なので、レギュラーの僕らは撮影期間などの、スケジュールのパターンは大体決まっています。

一方、新人のスケジュールは、前日に送られる「定時」で決まります。定時とは、事務所で翌日のスケジュールの確認をする仕事のことです。これは毎日あります。

「明日、仮面ライダー○○：高岩、以下兵隊：○○、補助：○○……」

このように、新人が代表定時といって、アクションクルーのメンバーの翌日の予定を事務所でチェックして伝えます。

新人は、明日はライダー、明後日は戦隊、来週はシアターＧロッソのヒーローショー、というようにさまざまな現場があるのですが、自分がどこに行くのかは前日でないと分かりません。なので、プライベートの予定を入れるのは難しいです。どうしてもお休みが欲しい時は、事前に「この日は法事があるので……」などと、NGの日を事務所に伝えておきます。

僕らが演じるキャラクターだけの出番の日、俳優さんだけの出番の日など、あらかじめ総合スケジュールは決まっています。俳優さんだけの出番の日はアクション部はお休みですが、新人は「ライダーはお休みだけど、戦隊はやっているから行って」と言われることもあります。これは、作品の撮影が週に何日稼働しているかによります。多い時は週4〜5日稼働していたり、少ない時は1日だったり半日だったり、まちまちです。

新人がアクションの練習をするにも、不定期なスケジュールの合間を縫ってということになります。撮影現場では、例えば待ち時間ができたら、隅っこでトランポリンやマットで練習をするとか。その時、中堅の先輩が新人の練習を見て、アドバイスをしてあげます。たまに僕もちょっと声をかけますが、僕みたいな上の人間が出しゃばると、中堅の先輩がやりづらくなるので、極力見ているだけにします。

また、スケジュールは天候によっても左右されます。基本、雨が降ったら外ロケでの撮影はできないので中止です。しかしそうすると、スケジュールがずれ込むので、制作側はなんとかして予定通り終わらせようとするため、外ロケは延期して、撮影最終日に予定していたセットでの撮影に変更するとか、パズルのように変更や調整を繰り返します。それは多分特撮だけでなく、他のドラマでも同じでしょう。

とくに売れっ子の俳優さんを使う場合、スケジュールの関係でその日のうちに撮り切らないといけないとなると、

「雨が降っていますが、屋根のあるところで撮ります」

「台本では雨のシーンじゃないけれど、傘がある体で撮りましょう」

こんな感じで、ゴリ押しで撮影することになります。

その点、ヒーローショーは公演時間が決まっているので、比較的余裕がありました。時間や内容が決まっているため、それを毎回繰り返すだけです。ショー、舞台、イベントは時間が読めるので、プライベートの予定も立てやすいと思います。

過酷すぎる撮影スケジュール

僕がヒーローショーからテレビの撮影現場に行くようになった頃、当時の撮影日程は余裕があって、朝7時から夕方の日の入りの時間までのほぼ定時で撮り終えていました。僕が新人の頃は、撮影ストックが常に10本くらいあったので、そんなに急いで撮る必要がなく、撮影スケジュールもお休みが多かったです。

今の感覚からするとすごくゆっくりと撮っていたのですが、いつの頃からか、制作費が削られる、撮影日数が限られる、撮影ストックが減るという負のスパイラルが始まり、今では撮ったらすぐ出すが当たり前になってきています。

僕がいた時で、ストックは4本。つまり1カ月分しかない状態でした。平成に入ってから、テレビシリーズだけでなく映画も並行して撮影していますが、さらにネット動画やイベントなども入ってきたため、撮影をストップせざるを得ないのです。俳優もいない、スーツアクターもいないでは、撮影ができません。そんな時に、俳優のスケジュールが空くと、「急げ！　ストックがもうないから早く撮れ！」となります。

僕がテレビの世界に入った頃は、ただ朝が早いだけで撮影はそんなに苦ではありませんでした。ところが、どんどん撮影スケジュールが過酷になっていきました。

『電王』以前は、映画は1年に夏の1本だけで、撮影は2班に分かれて俳優とスーツアクターが行き来をするのですが、『電王』は人気が出過ぎて年間で夏、冬、春の3本、全部で8本くらい撮っていました。なおかつ東映がさまざまなイベントを立ち上げ、ネットも浸透し始めていた時代だったので、ネット配信にも力を入れ始めていました。ネット版、劇場版、スピンオフ、ドラマなど、多い時は台本を4冊持ち歩くことに……。子どもの運動会とか、午前中だけお休みをもらって無理やり見に行ったりもしましたが、子どもの行事はほとんど嫁に任せっきりでした。

今思えば、まるで昭和のアイドルみたいな生活でしたが、普通のスケジュールの時もあります。普通の時は、朝6時頃に撮影所を出発して、撮影現場に7時に入って、7時30分頃から撮影開始。日の入りまで撮影して、ナイター撮影があればそのまま撮影を継続。まちまちですが、基本は早朝に出て夕方に帰ってくる1日仕事です。

大体14日間で1~2話を撮りますが、今は11日間で1~2話が多いようです。監督は2~3話ずつで交代します。アクション部の出番は4~5日くらいです。朝から夕方までアクションの日もあれば、朝からお芝居、アクション、お芝居の順番で撮る日もあります。あとは、別件で取材が入ったりスチール撮影があったりもします。1週間の中で1~2日はお休みがあります。

でも、結局は台本次第です。大体みんな台本をもらうと、まずは自分の出番をチェックします。台本を読んで、「うわ！　いっぱい出番がある！」「やった、出番が全然ない！」など、出番の量に一喜一憂します。

今撮っているシリーズの後半から、次のシリーズの撮影が始まるので、後半はいつも現行と次を行ったり来たりすることになります。僕はそれを20年近く繰り返してきたため、長期の休みはありませんでした。基本、盆暮れ正月は休みを設けていましたが、結局お盆休みは返上、年末年始も大みそかのギリギリまで撮影して元旦だけ休んで2日から稼働など、そんな年も結構ありました。

撮影は本当に大変で、朝に出番があって、次の出番は夕方というケースもあります。これを「中空き」というのですが、その間に何をするかが問題になります。朝は早くて不規則なため、俳優もアクション部も撮影期間中はなるべく撮影所の近くに部屋を借りて住むようにしています。

休みはない、ルーティンもない、体は酷使する……、人としての生活を考えるといかがなものかと思います。とてもじゃないですけど、人にすすめられる職業ではありません。僕が「スーツアクターになりたい」と言ってくれる子に、「やめたほうがいいよ（笑）」と言ってしまうのは、こういった理由からなのです。

スーツアクターだけで食っていけるか？

作品の本数でギャランティをいただくので、仮面ライダーシリーズの場合、メインのライダーやキャラクターに抜擢されれば、収入は安定します。それ以外の仕事は日割り計算なので、基本仕事をしなければ収入はありません。

また、中堅クラスと先輩の補助で入る新人も、撮影には欠かせない人材なので、日割り計算ですが収入はあります。ただし、新人は何人もいるので、ローテーションで現場に入ることになります。すると、入った日にちだけのギャラしかいただけないため、現場の仕事だけで食べていけるかというと厳しいでしょう。

アルバイトをしている子もいますが、前日にならないと予定が分からないので、融通の利くところでないと難しいですね。僕もヒーローショーをやっている時、バイトをしていました。ヒーローショーは、基本土日祝だけ。平日は撮影現場に行くかお休みだったので、平日の夜にバイトをしていました。

ヒーローショーで僕は真ん中のレッドを担当していたので、平日に撮影現場に行って怪我をしたらヒーローショーに穴を空けることになるため、あまり撮影現場には行きませんでした。なので、ヒーローショーをメインで7年間お世話になった時代、収入は多くはありませんでしたが、安定はしていました。

僕は20歳を過ぎるまでは、実家暮らしでした。一人暮らしを始めたのは、仕事の拠点がヒーローショーの水道橋から、大泉にある東映撮影所に変わってからです。朝6時にロケバスが撮影所を出発するのですが、ロケ準備の時間を計算すると朝5時には撮影所に入らないといけません。実家からでは始発でも間に合わないので、『カクレンジャー』を機に実家を出て、自転車で撮影所に通うようになりました。近所には諸先輩方がお住まいで、嫁の村上利恵もいて、よく食事をご馳走してもらって助かりました。

僕の生活が安定してきたのは、『重甲ビーファイター』の頃でしょうか。年齢は26歳。普段はほぼ外食でしたが、僕は無趣味だし物欲もなくて、ギャンブルもやらないため、お金を使うところがありません。撮影日はロケ弁が出るし、ナイター撮影では夜食も出たので、貯金は意外と貯まりました。ですから、外食は結構豪華で、焼肉と寿司を交互に食べていました。

『カクレンジャー』の頃、僕は遅刻癖があり、年齢がいちばん近いニンジャホワイト役の村上利恵にモーニングコールをお願いしたのがきっかけで付き合うようになりました。そして、僕が30歳の時に結婚し、最初は公団住宅に新居を構え、子どもができると少し広いところに引っ越しました。

実際にギャラの支払いはどのようなシステムになっているかというと、事務所（僕の場合はJAE）とマネジメント契約を交わし、ギャラを俳優と事務所で分ける形でした。マネジメント料は俳優によって異なります。年齢で変わるだけでなく、キャリアでも変わってきます。

例えば仮面ライダーシリーズの場合、東映から1号ライダー、2号ライダー、3号ライダーのそれぞれのギャラが事務所に提示されますが、その金額は僕ら俳優には知らされません。事務所がギャラとマネジメント料を計算してから、俳優に交渉します。東映、事務所のマネージャー、俳優の三者が一堂に会し、ギャラを明確にしたほうが、みんなが対等でいられるのですが、そのあたりを今後変えていけたらと思っています。

まとめると、スーツアクターで食べていくためには、映像作品のレギュラーを目指すしかありません。しかし、「仮面ライダーになりたい！」と思っていても、一つの作品に主役のライダーは1人、作品にもよりますが、サブのライダーは数人程度です。その役をつかむのは、至難の業と言っても過言ではありません。オブラートに包んで優しい言葉をかけても、実際この世界に入ってみたら「話と違う！」となるので、正直に言います。スーツアクターで食べていくには、かなり厳しいです。でもそれはどの世界でも同じことだと思います。

第3章

スーツアクターになるには

アクションチームの養成部に入る

スーツアクターになるには、まずアクション俳優専門の芸能事務所(アクションチーム)に入るのが良いかと思います。アクション俳優専門の芸能事務所では、スーツアクター専門というわけではありませんが、アクション俳優の養成のための部門を設けているところがあります。

例えば僕が所属していたJAEには「養成部」があり、現在は1年間にわたり各種の殺陣や武術、スタントの基礎などをトレーニングします。その他、養成部や養成所のあるアクション系の芸能事務所は、大野幸太郎さんの大野剣友会、新堀和男さんのレッド・エンタテインメント・デリヴァー、柴原孝典さんのワイルドスタントなどがあります。

ここではJAEについて紹介していきます。JAEの養成部に入るには、書類審査と実技審査に受かる必要があります。年によって変更する可能性もありますので、応募する場合は必ず公式HPで確認してください。

【第一次書類審査】

募集期間：毎年1月初旬〜2月下旬頃
公募資格：心身ともに健康な15歳〜28歳の方。学歴、経験、国籍は問いません。ただし、日本語でコミュニケーションが可能な方にかぎる。
応募方法：JAE指定の応募用紙に必要事項を記入の上「84円切手10枚／写真2枚（全身・顔写真それぞれ1枚）」を同封し郵送。
結果発表：募集期間終了後、およそ1週間後に郵送にて結果発表。合格者の方には「第二次実技審査」への案内を送付。

このように、まず書類での審査があり、合格した人は実技審査に進みます。

【第二次実技審査】
開催日：毎年3月中旬
参加資格：「第一次書類審査」に合格した方。
参加方法：当日のスケジュール、準備物、審査費用などの詳細は、合格者本人に通知。
審査内容：①当日配布する演技の台詞を読む。②審査員との質疑応答。③特技アピールや自己PRなど。※審査内容は予定。

実技審査に合格したら、晴れてＪＡＥの養成部に入り、1年間カリキュラムに沿って学びます。

【カリキュラム内容】

稽古日：週4日（平日）、ファクトリー（稽古場）にてトレーニングを実施。

稽古メニュー：基礎訓練としてマット運動基礎、時代殺陣、現代殺陣、中国武術、ジャズダンス、武術指導、演技、スタント基礎。

特別メニュー：パルクール、ロープワーク、ロープスライダー、乗馬、スキューバダイビング、舞台鑑賞、撮影現場研修などを予定。

ライセンス取得：スキューバダイビングCカード取得など（希望者のみ）。

卒業公演：養成部で1年間稽古した成果を、卒業公演という形でお披露目する。家族、知人、養成部ＯＢ、業界関係者、一般の方々など、多くの観客前で初めて経験する本番となる。

特別メニューは、基本年1回の合宿で学びます。合宿は基本全員参加です。僕が養成部に通っていた頃も、カリキュラムのメニューはほぼ同じでした。僕は合宿に参加しなかったので、特別メニューに関しては、すべて現場で覚えました。

JAEの強みは、養成部卒業後にすぐ特撮の現場に入れる保証があることです。例えば養成部や養成所のないアクションチームに入った場合、何も教わっていない状態で現場に入ることになります。いわゆる現場でのたたき上げになります。怪我に関しては労災保険がありますが、それ以外の保障はまったくありません。若いうちは「何でもできる」と思いがちですが、最初に所属する事務所選びはとても大切です。会社組織としてしっかりとした事務所に所属することをおすすめします。

トレーニングはとにかく厳しい

JAEの養成部に入る人に「何を準備しておけばいいですか？」とよく聞かれます。僕が通っていた時は、養成期間は2年間でしたが、今は1年間しかありません。短期間にたくさんのことを学ばないといけないので、かなり大変だと思います。

僕がアドバイスするとしたら、

「体を柔らかくしておいたほうがいい。基礎体力をつけておいたほうがいい」くらいでしょうか。その他、「こうなりたい」や「こうしたい」というイメージを自分の中で体現し、理想に近づけていくのが大切です。おすすめは自分の練習や動作をスマホなどで動画撮影し、確認することです。一回やっただけでは理想に近づきません。何度も行いましょう。

しかし、実際のところは自分で体感してみないと分からないですね。時代や内容も変化するだろうし、「高岩さんのアドバイスと違うじゃないですか！」と、文句を言われそうで（笑）。おそらく間違いないのは、コーチ陣は僕の同期や先輩なのですが、むちゃくちゃ怖いです。厳し過ぎて養成期間中に辞めていく子もたくさんいます。レッスン内容も厳しいですが、言葉も厳しいです。あえて厳しい言葉で心を折りにいくのです。体力に自信がある子でも、それに耐えられないと辞めていきます。

アクションには人の体や命がかかっていますし、1年後の卒業公演で、レベルの低いものを発表させるわけにもいかないので、教える側も責任があり、真剣です。稽古日だけでは足りないから、自主練をさせられることもあります。

1年間は本当にあっという間です。アクションや体操、ダンス、武道などの下地のある子はいいですが、ない子は大変です。例えばバック転ができる子とできない子。剣道の経験がある子とない子。ダンスの経験がある子とない子。ない子がある子に追い付くには相当な頑張りが必要です。

スタートは早いに越したことはない

また、年齢の話をすると、10代で入ってくる子は少なくて、大体が20～22歳です。僕が16歳で入ったので、最近の子は少しスタートが遅いと感じます。下地があれば年齢はあまり関係ないのですが、下地がなければスタートは早いに越したことはありません。

ただし、中には下地がないのに突然化ける子がいます。吸収力が半端なくて、ちょっと教えただけでバック転がポンポンできるような子が、ときどき現れるのです。多分これが、「センス」というやつだと思います。逆に、空手や柔道の黒帯を持っているとか元ボクサーとか、バリバリの下地がある子の場合、その癖が体に染みついていて、癖を修正するのに時間がかかることもあります。なので、下地があるほうがいいと言い切れない部分もあるのも事実です。でも、センスがある子は本当に一握りなので、やはり何かしらの下地があると有利だと思います。

とにかく、養成部のカリキュラムのメニューすべてを1年間で習得するのは、正直大変です。中でもとくに難しいのが中国武術です。下地があろうがなかろうが、まず会得できないと思います。それこそ90％がセンスです。51期生に中国武術のスペシャリストがいるのですが、現場でめちゃくちゃ重宝されています。やはり、何かずば抜けているものがあると強みになりますね。

養成部のトレーニングは、体力に自信があってもへこたれるくらいキツいです。なんせ、社長自らが「しんどくてキツいと思いますが、頑張って損はありません」と、言っているのですから。なので、繰り返しになってしまいますが、必要なのは基礎体力。あとは覚悟でしょうか。

卒業公演が最終オーディション

5月に卒業公演が行われるのですが、これがじつは最終オーディションを兼ねているのです。合格すればＪＡＥの正式メンバーに昇格し、落ちると他の事務所に行くかフリーランスになるか、スーツアクターそのものを諦めるかしかありません。

卒業公演という目標を、同期で団結してやり遂げると、その瞬間はみんな達成感でオーディションとかはどうでも良くなってしまいます。ところが、ちょっと時間が経って冷静になると、「ヤバい、これオーディションだったんだ。誰が落ちるんだろう……」となります。僕も卒業公演で盛り上がる子たちを見て、胸が熱くなる一方、「これからがまた大変だぞ……！」と思ってしまいます。

でも、1年間の厳しいトレーニングに耐えて、卒業公演を成功させた経験があれば、仮にこの最終オーディションには落ちてしまったとしても、どこでも頑張ることができるのではないかと思います。

新人はまず現場を覚える

卒業公演を終えてJAEの正式メンバーになったからといって、いきなりショッカーになれると思ったら大間違いです。養成部はあくまでも技術を教える場なので、現場のことは一切教えてくれません。養成部で教わるのは最低限の技術であって、あとは現場で揉まれることになります。

養成部を卒業して、最初に行かされるのが仮面ライダーやスーパー戦隊の特撮の現場です。まずは撮影現場に触れてこいということです。現場には同期のメンバー同士で入れると心強いのですが、1人で入ることもあります。でも、最近は事務所が気を使い、なるべく2人で入れるようにしているようです。さらに、現場でもしっかり学べる環境を作っています。羨ましいです。僕らが新人の頃は、1人でポンと現場に入れられてほったらかしでしたから（笑）。

現場で新人を指導するのは、JAEで6～7年くらいの中堅クラスの先輩です。現場でメインキャラクターを担当しているJAEの先輩は、自分の仕事に集中しなければいけないので、メインキャラの先輩と新人の間にいる中堅が、先輩の世話をしつつ新人の指導も行います。中堅になると、現場のことも把握しているし、スタッフとのコミュニケーションもとれているので、新人のサポートにはうってつけなのです。

とにかく新人は覚えることがたくさんあります。基本はまず挨拶から。誰彼構わず、会った人には必ず挨拶をしろと教わります。そして、撮影現場でのNGを覚えます。例えばコードをまたいだり踏んだりしてはいけない、突起（レール）や機材はまたいではいけない、本番中は声を出してはいけないなどがあります。

また、スタッフの名前を覚えるのも大事な仕事です。ただし、新人は自分用の台本がもらえないので、自力で覚えるしかありません。台本は1冊だけ回してくれるので、みんなで回し読みをして、今回の監督の組の大まかなストーリーと流れをチェックしておきます。さらに、アクション監督が配る、どのように撮影するかを書き記した「字コンテ」を見ながら、武器を用意したり火薬をつける手伝いをしたり、先回りして動きます。言われてから動くのではなく、先を読んで動くのが理想ですが、先輩によって言うことが違ったり、罵声が飛んだりすることもあります。そうなると、もうどうすれば良いのか分からなくなって、辞めたくなります。

多分、どんな仕事でも多かれ少なかれあることだと思いますが、

「あの人とこの人で言ってることが違うんですけど……」

という理不尽。メンタルが弱い子なんか、泣いちゃいますよ。

役をつかむには

とにかく現場に出て半年くらいは、雑用だけで1日が終わるという感じです。役はなかなかもらえません。ショッカーにはすぐなれるとよく勘違いされるのですが、新人に役が回ってくるのは、よっぽど人が足りない時だけです。

まずは現場を覚えて、スタッフの信頼を得る。そして、チャンスを待ちます。すると、昼休みとかに、「ちょっとトランポリン、飛んでみて」と、先輩が声をかけてくれたりし

ます。そこで「こいつは使えそうだな」と思わせたら、つかみはＯＫ。条件にもよりますが、もしかするとキャメラの前に立たせてもらえるかもしれません。逆に「使えない」と思われたら、仮にショッカーの役をもらえても、アクションはなしで後ろのほうでウロウロするだけです。

また、スタンドインもチャンスです。スタンドインとは、撮影の前、俳優本人の代わりに照明の加減や俳優の立ち位置などをチェックする代役の仕事のことです。例えば僕のライダーキックのカットを撮るとします。トランポリンの準備はできているのに、僕の準備がまだできていない時、僕がキャメラマンに、

「ちょっと新人にやらせてみてもいいですか？」

とお願いします。僕の準備ができるまでがチャンスです。

そこで、キャメラマンや監督に、

「この子面白いね」

「上手いじゃない」

と、顔と名前を覚えてもらえれば一歩前進です。上手にできればそれはそれで成功だし、上手にできなくてもキャラクターが面白いと思われたら自己アピールは成功です。

そうは言っても、アクション監督は、毎日アクションのことばかり考えなければならないので、新人を気にかける余裕がないことも多いです。

そんな時は、プレイヤーだけに集中している僕らが、積極的に新人に声をかけます。

「ちょっとやってみないか」

「できるじゃん。じゃあ、この武器持ってやってみて」

「できないだろう」

「このお面被ってみて」

「見えないだろう。俺、すごいだろう（笑）」

……なんていうやりとりをしたりします。

僕らは新人の頃、ほったらかしにされましたが、今の若い子たちはそんな昔のやり方は合わないようです。教えるところはしっかり教えて、面倒を見るところは面倒を見る。ちゃんとそれに応えられる子だと思えば育てるし、それに応えようとしない態度をとる子はクビを切る場合もあります。

コミュニケーション下手では役はもらえない

新人は現場に入って雑用を行う、いわゆる下積み生活を半年〜1年続けてから、その後は、そのまま特撮の現場に残るか、舞台など他に行くか決めます。スーツアクターになりたい子は、現場での下積みに耐えて、チャンスを待ちながら、まずは戦闘員の役をもらい、次に怪人とステップアップを狙いますが、現実問題、チャンスはなかなか巡ってきません。

とくに特撮は断然、男性役者の数のほうが多いので、女の子がキャメラの前に立つのはより難しくなります。せいぜいヒロインの子が倒れるアクションで、スタンドインをやらせてもらえるくらいです。

また、男女関係なくキャメラの前に立つことがあるとしたら、街中や公園などで敵に追いかけられて逃げ惑い、途中で転ぶなどのエキストラの役回りなどです。映像で転んでいる一般人の役がいたら、大体アクション部の新人だと思って間違いありません（笑）。

下積み期間が長くてもスーツアクターになりたいという子は、粘り強く何年も特撮の現場で頑張っています。ただ、最近は制作予算が抑えられ、現場に入れる人数が決まっているので、新人全員が現場に入れないこともあります。ギャラについての話の通り、そうなると、新人はローテーションで入ることになるため、役をつかむチャンスが余計に少なくなってきています。

役をもらうためには、もちろんアクション技術は必須ですが、何よりも現場でのコミュニケーション能力がものをいいます。「新人だから分からないよね」「できなくてもしょうがないでしょ」は一切通用しません。まずはJAEの先輩、現場のスタッフと親しくなること。かといって、空気を読まずにズカズカ入っていくと、仕事の邪魔になったり、悪い印象を与えてしまって煙たがられてしまうので、そこの匙加減が難しいところです。

大体テレビ枠の現場には、アクションチームが2チーム入ります。JAEとレッド・エンタテインメント・デリヴァーさんというパターンが多く、他の事務所のアクションチームの人とは仲良くなりやすいと思います。自分のアクションチームの先輩とはどうしても先生と生徒のようなガチガチの上下関係になりますが、他のアクションチームだとそんな関係のしがらみがないので、先輩でも優しく接してくれます。気持ちの逃げ場ができるので、他のアクションチームはいてくれるとありがたい存在です。

教える立場も大変な時代

僕が新人の頃は、監督、キャメラマン、照明さん、みんな僕が生まれる前から仕事をしている職人気質の方たちなので、それはもう怖かったです。現場を覚えて、スタッフさんの名前も覚えて、ヒーロー戦隊のレッドを任されてからも2〜3年はボロクソに怒られていました。

現場でいちばん偉いのは監督とキャメラマンです。当時はフィルム撮影だったので、映像確認用のモニター画面がありません。今は当たり前のように撮影したものを俳優やスタッフがその場で確認することができますが、当時は画を見ているのはキャメラマンだけ。なので、キャメラマンがOKと言えばOK。それを信用するしかありません。また、フィルム代が高いので、基本NGは効きません。何回もテストをして、本番はキャメラマンも僕らも一発で決めないといけないので、現場の緊張感は今の比ではありませんでした。

現在はビデオ撮影になって編集機能で色々なことが撮影後にできるようになりました。今は明るさも変えられますが、当時の照明さんはプロ意識が強くて、気に入らない俳優には「当てない！」と平気で言っていました。元々東映は任侠映画が多かったので、その名残かは分かりませんが、当時は職人気質のスタッフさんが多く、少し口調が荒くて怖かった印象的がありますす（笑）。ですが、新人の頃にたくさん怒られたキャメラマンさんから「高岩君！」と君付けで呼ばれるようになった時は、「やっと認められたのかな……」と感慨深く思ったのを記憶してます。

最近は、職人気質の現場のスタッフさんは見かけなくなりました。仕事が終わったら昔は「飲みに行くぞ！」が合言葉でしたが、今はコロナの影響もありますが「お疲れ様〜」と言って即解散です。昔はオンもオフもみんな一緒。今は仕事が終われば、プライベートは一切干渉しないのが当たり前。フィルムからビデオになり、スタッフも若くなるにつれて、現場の雰囲気も変わってきました。

今の時代、現場のスタッフもアクション部の新人も、怒られるとすぐに辞めてしまう子もいます。怒鳴った監督が事務所に呼ばれて、

「今はこういうご時世だから、注意するにしてももう少しやんわりと……」

と注意されることもあるそうです。

僕もよく、「言い方！」とか「声の張り！」とか、言われます。言い方とか声の張りってどうすればいいんでしょうか（笑）。僕は現場で人に何かを言う時も、声を荒げたり攻

めるような言葉は使わないようにしているつもりですが、どうやら声が大きいところが威圧的に感じるようです。それにしても、仕事や教育のために言うことなのに、教える立場になると色々と大変な時代ですね。

怪我との闘い

スーツアクターは体が資本なので、体調管理も大切な仕事です。若い頃は大きな怪我はしたことがなくて、せいぜい足首を捻挫してちょっと腫れるくらいでした。初めて大きな怪我をしたのが、『龍騎』の頃です。膝の半月板損傷と靭帯損傷をやってしまい、この時ばかりは、将来が不安になりました。

膝がロックされて歩けなくなってしまい、もうダメかと思ったのですが、同じ怪我をした経験者に相談して、結局手術はしない選択をしました。というのも僕は主役だったし、どうしても撮影に穴を空けたくなかったのです。

「手術はやめておこう。じゃあ、どうする?」

となって、強引に膝をテーピングでグルグル巻きにして、誤魔化しながらやっていくうちに、段々とどうすれば膝に負担なく動けるのか分かってきました。膝をかばいながら動くと、どうしても画に出てしまうこともあったのですが、監督に相談すると、「分かった、じゃあ映さないようにするから」

と、上手く撮ってくれました。

本来は手術をしたほうが良かったのですが、結局手術をせずに現在に至ります。というか、手術をするタイミングがなかったのが正直なところです。『龍騎』の翌年も『555』が入っていたので、ここで穴を空けると「干されちゃうんじゃないか」と不安で仕方がなかったのです。

怪我には注意しても、こればかりはやる時はやってしまいます。僕らの仕事は、足首、膝、腰、首に衝撃を受けて疲労が蓄積されるので、些細なことがきっかけとなって疲労が爆発して怪我になってもおかしくありません。なので、いつか来るだろうとどこかで覚悟はしています。そのためにこまめなケアもしていますが、如何せん、ケアが追い付かない時もあります。


とにかく「筋肉を強く」です。骨は筋肉で支えられているので、膝も腰も筋肉でキュッと押さえ込むように意識して鍛えておくと怪我をしにくくなります。筋トレですよね。僕の嫌いな（笑）。僕は色々なところで「筋トレが嫌い」と言っていますが、怪我を防ぐためにも筋トレは重要なので、しっかりやりましょう。若いうちはいいのですが、僕らの年齢になると、筋肉が衰えると一気にダメになるので要注意です。

若い子たちは、体調管理に無頓着で、若い子にかぎって怪我が多かったりします。大体は膝です。若い子は、筋肉は鍛えられていると思うので、定期的に整体に通って筋肉をほぐし、骨を正常な位置に戻しておくことをすすめています。プロ野球チームに専属のトレーナーさんがいるように、アクションチームやスタントチームにも専属の専門家が俳優たちのケアを行うような組織体制が理想だと思います。

暑さとの闘い

途中、頑張った時期もありましたが、頑張り過ぎると体にはとても危険だということが分かったので、頑張るのをやめました。僕は頑張らなかったから長年スーツアクターを続けることができたと思っています。

『555』を撮影していた年の夏は異常に暑くて、家に帰ってもフラフラで立てず、完全に熱中症にかかっていたと思います。体温調節がきかない夏の撮影は、脱水症状や熱中症を起こしやすいのですが、演技に集中しているとその場ではやり切ってしまうのです。これは本当に危険です。そのことを実感したのが『劇場版 さらば仮面ライダー電王 ファイナル・カウントダウン』（2008年公開）です。モモタロスの長回しで酸欠になり、初めて現場で倒れてしまったのです。

ですから､若手には「自分をPRするために、無理して頑張り過ぎることのないように」と言っています。とくに若手は、「目の前の先輩が演技をしているのに、後輩の自分がスーツを脱ぐわけにはいかない。水を飲むわけにはいかない」と思いがちです。昭和の体育会系の部活じゃあるまいし、今はそんな時代ではありません。また、「自分が使えないやつだと思われて、仕事をもらえなくなるんじゃないか」と不安になって、無理をしてしまう気持ちも分かります。

しかし、頑張り過ぎて倒れて救急車を呼ぶことになったら、その間に撮影がストップするのでかえって迷惑をかけてしまいます。怪我はしたくてするわけではないですが、熱中症は自分が気を付ければ回避できます。熱中症対策が重要であることは、現場の人間は分かっているので、絶対に無理はしないでください。

それにしても、最近の猛暑も尋常じゃないです。スーツ内部の暑さをなんとかできないものかと、僕らも造形部さんにお願いはしているのですが、デザイン優先なのでなかなか改良はされません。せいぜい見えない部分をメッシュ素材にするとか、その程度です。でも、結局、体の全体を覆っているので、着ている側からすると気休めにしかならないのですが、「メッシュにしておきました！」と造形部さんに笑顔で言われるので、一応お礼は言っていました（笑）。

コロナ禍の撮影も大変でした。『ゼロワン』の途中あたりからです。最初は感染対策の知識がないので、検温とマスクくらいで、対策は手探り状態でした。僕らはマスクの上に面をして演技をしていたのですが、汗で不織布がくっついて、息ができない！「死ぬわ、これ。危ない、危ない！」となって、窒息死したら本末転倒なので、さすがに面の中ではマスクを外すことにしました。

そして、緊急事態宣言の時は撮影自体がストップしたので、ロケにも出られないから新しくセットで撮影ができるような仕組みになったのですが、一部賛否もありました。ＣＧが多く、ファンタジー感が強くなったというか。長年ライダーを見てきた人たちは「ちょっと違うかな」と違和感があったみたいです。社会的な変化や時代によって撮影方法が変わっていくのは仕方のないことで、撮影の幅はＣＧ合成で広がったと思います。

アクションは絶対に安全第一

　僕らの時代は安全面を考慮して、必ずマットを置いてサポーターを着けていましたが、最近のアクションは、サポーターは着けるけどマットは置かないとか、わりと我慢大会な部分もあります。受け身も「視聴者が見て、『痛い！』と思うようにやって」とよく言われますが、そういう受け身は実際めちゃくちゃ痛いです。人は転ぶ時には手が先に出て頭や顔をかばいますが、「手を出さないで。そのまま体からいって。頭からいって」と言われるのです。頭からいくのもテクニックがあって、正しく落ちれば問題ないのですが、何度もやると頸椎に負担がかかって危険です。

　視聴者にエンターテインメントとして「うわ、痛そう！」と思わせるアクションの代表作といえば、『るろうに剣心』が有名です。健は相当痛かったと思います。ちょうど『るろ剣』の撮影中に会ったのですが、「アクションは毎日あります」と言っていて、大変そうでしたね。

　とくに若手はチャレンジ精神が旺盛なので、結構無茶をしてしまいがちです。僕らは見ていて怖いです。でも、若手たちもしっかり練習をしているので基本は大丈夫なのでしょうが、疲労は蓄積されていきます。いつか何かやりそうなので、指導する側としては「気を付けろよ。無茶するなよ」と、いつも言ってしまいます。

ただ立っているところから倒れるだけでも、マットとサポーターは必須です。頭からいくのであれば、さらにワイヤーで引っ張り上げてゆっくりと落としてあげます。ビデオ映像はスピード変化ができるので、ワイヤーでゆっくり上げて落とした映像を速く見せることは可能です。危険なスタントをする場合は、マット、サポーター、ワイヤーなど、セーフティーにセーフティーを重ねる必要があります。


２０００年頃、アクション俳優やスタントマン、スーツアクターの代わりはいくらでもいるというような、駒扱いをされていた時期もありました。危険なことをやらせるだけやらせて、「怪我の原因は、本人の技術が足りなかったから」と言われたそうです。いやいや、それをやらせたアクションコーディネーターの責任でしょうという話です。過去には一部、心無い人もいました。

繰り返しますが、安全性は大事です。現場の責任者はアクション監督。さらに全体の責任は事務所にあるので、事務所が自分のところの俳優は守らないといけません。この人だったら安心して任せられるという事務所やスタッフの判断はありますが、絶対はありません。いくら上手い人でも何がきっかけで怪我をするか分かりません。強く心に残っているのは、僕のある先輩は一流のスタントマンだったのですが、原因が分からないまま寝たきりになってしまいました。８ｍからの飛び降りだったのですが、きれいにマットに着地したのに、その瞬間フリーズして起き上がれなくなり、そのまま病院へ直行……。診断は頸椎損傷でしたが、本当に原因がまったく分からないのです。蓄積されたものが一気に出たのか、アクションやスタントは本当に怖いです。

よく千葉さんが言っていました。

「セーフティーは1個や2個じゃなく、何重にも重ねてかけろ」

僕がまだ20代前半の頃、当時のワイヤーアクションはピアノ線を使っていました。ピアノ線はちょっとでもヨレがあると吊り上げる瞬間に切れてしまうのです。ピアノ線2本で吊り上げられるのですが、耳の横で「ピンピン」と鳴るのです。2～3ｍほど吊り上げられたところで、片方だけ切れたことがあります。当時はよくあることでしたので、そんなに気にしなかったのですが、昔は安全面に緩い部分がありました。

その後、アクションの大怪我や大事故があって、その度に安全性が見直されるようになりました。今はワイヤーアクションを行う時は、何度もテストをするので、撮影にすごく時間がかかります。安全を確保するためには時間とコストがかかるので、ＣＧ合成に頼ることも多くなります。やはり、ライブをロケ地で撮るといちばん迫力が出るのですが、時間とコストを考えると仕方がないのかもしれません。

結局のところ予算です。ロケ地に大所帯で行くとコストがかかります。移動なしでセット内のグリーンバックで撮れば、ロケほどのコストはかかりません。ところが、今の視聴者は目が肥えているので、ＣＧ合成とライブの違いにすぐ気付きます。ビルから落ちるのも、ＣＧ合成で「わー！」とやるのと、実際にロケ地で、ワイヤーで吊るして落とすのとでは、画に違いが出ます。

不足するスタントマン

アクションチームは増えてきていますが、今、スタントマンが足りないという話をよく聞きます。人が足りなくて、僕の高校生の次男も駆り出されるほどです。アクションはやりたいけど、スタントマンにはなりたくないという子が多いみたいです。

アクションとスタントは違います。違いは危険度です。スタントは、車にはねられる、ビルから落ちる、火だるまになるなど、危険度がアクションよりも高いです。昔は僕も含めて、「危険なことをして視聴者を驚かせたい」と思う人たちが少なからずいました。そこが魅力でもあったのですが、今は「なんでわざわざそんな危険なことをしないといけないの？」という考え方なのかもしれません。

近年、俳優さん本人がアクションをする傾向にあるので、危険な時だけなるべく俳優本人に顔立ちや体格が似ているスタントマンをあてがい、少々顔が映っても違和感がないように配慮しています。髪型も昔は俳優の髪型に似せたカツラを被っていましたが、今は地毛で俳優の髪型に合わせるのが一般的です。テレビの性能が良くなってきているので、視聴者が冷めてしまうような吹き替えはやめようと、スタントマンも俳優と同じ髪型、スタイルでという傾向が強くなっています。しかし、スタントマンは筋力が必要なので、どうしても体格が大きくなりがちです。スレンダーな俳優の場合、背格好が似ているスタントマンを探すのが難しく、そこはある程度妥協するしかないようです。

こっそり現場裏話

番組終盤になってくると、どんどん予算がなくなってきて、撮影現場では、微妙なところから削られていきます(笑)。お茶セットのお菓子がなくなったり、コーヒーとお茶があったのにコーヒーがなくなったり。「お昼のロケ弁はありますが、朝はありません」ということもありました。1作品のスタッフ全員分のお弁当となると、結構な金額になるので、これもコスト削減です。現場の中でちょこちょこと削られていって、「え？ これもなくなるの？」とビックリした記憶があります。

その傾向は、どうやら特撮だけではなく、他のドラマとかも同じなのだそうです。ただし、ドラマの場合、主演の有名俳優さんが毎回豪華な差し入れをしてくれます。制作部は、お弁当を発注する必要がない分の制作費が浮きます。それこそ、小栗旬さん、東山紀之さん、水谷豊さんの差し入れの写真はすごいです。ドラマ現場の俳優さんからの差し入れエピソードは、たびたびネットのニュースにも上がるみたいですね。

特撮は、たまに僕がコンビニのお菓子を差し入れするくらいです(笑)。あとはどこか旅行に行ったとか時のお土産のお菓子が置かれていたりしますね。

第4章

基本ポージング＆アクション解説

ワークショップでアクション体験

2014年から始めたアクションワークショップですが、おかげさまで好評をいただいています。一般の方を対象にしているので、学生、会社員、主婦の方々など、年齢も性別も職業もバラバラです。ここ数年は、JAEに応募する前に様子見として参加される若い子も増えています。参加者の年齢もレベルも幅広いので、そんなに凝った内容のレッスンはしないのですが、JAEを目指すにあたり、何かの足掛かりになると思います。

ありがたいことに、初期からずっと欠かさず通ってくださっている方もいらっしゃいます。他のアクションチームのワークショップにも通われていたのですが、今はそちらには行かず、ウチだけに来てくれているそうです。その方は僕より年上のOLさんなのですが、さすが8年間通っているだけあってなかなか上手です。

最初はワークショップといえども、どこまで受講者さんに教えていいのか試行錯誤を重ね、ここ3~4年でベースができてきました。時間内でただアクションをやってもらうだけだと飽きてしまうので、撮影現場でのアクションを教えるようにしています。

「この位置関係でパンチをしないと、空振って見えます」

「こうして通せば、殴っているように見えます」

こういったアドバイスをしながら、受講者さんのアクションをスマホで動画を撮影します。そうすると、「アクションって、こんな風に組み立てて、こうやって撮影しているんだ！」と分かっていただけます。

複数人でのアクションはその場でチームを組んで行うので、毎回メンバーが変わります。ベテランの方と初心者さんを組ませるのは、ベテランの方を初心者さんの動きに合わせてもらうことになってしまい、同じ料金を支払っていただいているのに申し訳ないので、組み合わせは毎回メンバーさんのレベルを見ながら変えています。

ウチのワークショップが楽しいとおっしゃってくださる方も多いので、そういうリピーターの方を大切にしたいと思っています。ただ、リピーターさんには、ついより一層のクオリティを求めてしまうのです（笑）。

「はい、キャメラ位置考えて」

「自分で考えて。キャメラ、ここにあるからね」

「どうすればいい？」

「上手くなってるじゃん！　ちょっと自分で考えてやってごらん！」

皆さん、自分で考えて動くことを楽しんでいらっしゃいます。ちゃんと通っていただければ、上達が目に見えて分かるので、僕も嬉しくなってつい「もっと！」と指導に力が入ってしまいます。実際、レベルが上がる人はいても落ちる人はいません。もしかすると、JAEの子たちよりも上手いです。エキストラで入れるレベルはあるかもしれません。

始めた当初は、一気に大勢の方がいらっしゃって、こちらも戸惑う部分がありましたが、最近は他のアクションチームもワークショップを行っているので、参加者の人数は分散傾向にあります。毎回通っても楽しく学べる場所にしたいと思っていますので、興味のある方はぜひご参加ください。ワークショップは定期的に行っており、僕のSNSやブログ、TEAM☆T.A.WのHPなどで告知をしています（本の最終ページに連絡先があるので確認してみてください）。

内容は、「素手アクション」「武器アクション」「武術アクション」など内容が分かれています。すべて初心者さんでもOKですが、アクションが初めての方に向けた「初心者の方対象アクション」もあります。年齢は主に小学5年生から、上限はありません。また、「親子ペアアクション」や「キッズアクション」の日もあります。単発の申し込みになりますので、好きな回にお越しください。

アクションの基本レッスン

ここからは、ワークショップでも行っている基本のアクションなどについて解説します。やはり文字だけの説明ですと難しいので、後の実演写真と併せて読んでみてください。

ポージング ヒーロー立ち

ワークショップでは準備運動を終えたら、最初はポージングから入ります。ヒーローの立ち方、ヒーローっぽい構え方です。ヒーロー番組でよくあるシチュエーションでとるキメポーズ。僕らは「ヒーロー立ち」と呼んでいます。

コツは、肩幅に脚を開いて立ちます。両脇にテニスボールを挟んでいるつもりで脇を少し開け、腕はぶらーんと脱力します。手首は自然に、返したり反ったりはしないこと。手先は、グーか開くか、です。面の目の位置は下のほうにあるので、前を見ようとすると無意識にアゴが上がってしまうため、自分が思っているよりもアゴを引きます。

ちなみに証明写真を撮る時も、アゴを引いたほうがカッコよく写りますね。正面を向くと運転免許証も不細工に写りがちですが、フッとアゴを引くとまともに写ります。ただ、お巡りさんに「アゴを上げて」と言われますので、気持ちアゴを引きましょう（笑）。

手の形も、ただ指をパーに開くのではなくて、ダンサーさんが舞台で見せるような指先が理想です。上手くできない人には、僕流のやり方を教えましょう。まず、自分の腕を人差し指を伸ばした状態でつかみます。すると、親指と人差し指は自然に伸びた形で、他の3本の指は腕の丸みに沿って軽く曲がった形になります。これ

仮面ライダーウィザードの変身ポーズ。右手がヒーロー立ちの手の形。通称「高岩ハンド」。

指に力は入れないように、その指の形をキープしたまま、スッと腕を外しましょう。これが「ヒーロー立ちの手の形」です。

僕は全然意識していないのですが、特撮ファンの方は手の形を見れば、新シリーズのライダーを見た時に、誰が入っているのか分かるそうです。よく「この手は高岩さんだ。今回も高岩さんが入っている」と言われていました。「高岩ハンド」や「高岩フィンガー」と呼ばれているそうで……。他のアクターさんも、同じようになっているので、僕が特化しているわけではないと思いますが、見る人が見れば分かるのかもしれません。

手先の形では、異色だと『仮面ライダーアマゾン』（1974～1975年放送）など獣っぽいパターンもあります。リブート作品の『仮面ライダーアマゾンズ』（シーズン1

は2016年配信、シーズン2は2017年配信)、平成でいえば『オーズ』。動物をモチーフにしたものは、大体獣ポーズになります。

仮面ライダーのキメポーズについてお話しすると、番組が始まる前に、メディアの各社さんを集めたスチール撮影があります。そのタイミングで、立ちポーズが出来上がっているのが理想です。作品を印象付けるためには、なるべく早くポーズが決まっているといいのですが、大体、第1話で偶然変身ベルトを手に入れて変身するパターンが多いため、第2話くらいにキメポーズを披露することになります。

ライダーの演技で意外と難しいのが、主人公が初めてベルトを手に入れて変身した後の表現です。毎回、似たような表現になってしまいます。まず変身した手を見て驚いて、次に顔を触るといった流れが多くて。監督も飽きてきて、僕もやっていて飽きてきたので、色々なパターンを試しました。

もし自分が初めて変身したら、どこを見るのか想像してみましょう。まず、視界が変わっているはずです。何が顔に付いているのか、顔を触って、視界に入った手を見て、素手ではない手に驚く。じゃあ全身はどうなっているんだ？　鏡とか窓ガラスに映して全身を見ようと思う。こういった流れも考えられるでしょう。このように細かいところを見る監督もいます。もちろん僕もこだわります。僕が若手を見る時、そういった細かいところのお芝居に対して興味があるかどうかが気になります。スーツアクターは、普通の俳優とは違うのです。

素手アクション① キック

キックといえば、ライダーキックは重要な見せ場ですね。キックする側の片脚を伸ばして、もう片方の脚は膝を曲げてたたみます。基本的に撮影であれば、ライダーの足裏にロゴマークがあるので、足裏をキャメラに見せるようにします。また、本来のキックは、足裏の外側の小指から踵の間の部分、足刀を突き出して蹴るのが正解です。いわゆる実戦の空手などと同じ蹴り方です。ヒーロー戦隊は、ライダーのように足裏はデザインされていません。使用しているのは一般的なブーツなので、場合によってはサイズが書いてあることもあります。まさかブーツのサイズを見せるわけにはいかないので（笑）、それを隠すためにも足刀を出すように意識します。

蹴り出す脚はできるだけピーンと伸ばして、お尻を中に入れます。股関節が硬いとお尻が飛び出してへっぴり腰になってしまうので、股関節の柔軟性が必要です。また、腰周りに贅肉があると、脚が上がりにくくなります。体型については人それぞれですので、脚は無理に高く上げなくても構いません。足先だけでもピーンと伸ばすよう意識しましょう。
上体は起こして、キャメラに対してボディを見せるように意識します。上体が倒れるとカッコ悪いので、上体を倒してまで無理に脚を上げる必要はありません。

キックにも色々な種類がありますが、共通しているポイントは、蹴り足とは逆の軸足が、真っ直ぐではなく踵をやや内側に回すこと。すると股関節の可動域が広がり、蹴り足が数ミリ伸びて、きれいでカッコいい蹴りになります。連続する蹴りだと難しいのですが、僕は無意識に実践しています。

素手アクション②フック

素手アクションはパンチから始めます。パンチは横に殴る「フック」、真っ直ぐに打ち込む「ストレート」、この2種類がアクションの基本です。動きとしては、そこからキックにつなげていきます。

まずフックの構えですね。脚は肩幅に開き、膝は突っ張らずに軽く屈伸をして柔らかくした状態をキープしましょう。自分の好きなファイティングポーズをとって、右手拳を後ろに引きます。これを「テイクバック」と言います。この時、重心を右側に移動させながらテイクバックするのがコツです。すると、左足は軽く浮いているはずです。そして、フックと重心を左脚に移動させ、左足を踏み込みながら、右腕を体の真横に伸ばして、半円を描くように回しながら拳を前に出します。自分の目の前に拳がきたら、相手のアゴに当たったと思って、そこから先は左脇下に拳を「ブン！」と振り抜きます。その時、自然と右足が浮きます。今度は右足を軽く踏み込んで、右の拳と左右逆の動きで、左拳を体の真横に出し半円を描くように回して、正面を超えたら右脇下に振り抜きます。これの繰り返しです。

一般的に人を殴る行為は、ショートフックのイメージがあるようです。「肘を伸ばしてください」と言っても、力が入ってくると肘が曲がって動きが小さくなる人が多いです。本当に何かを殴ろうとして拳を振る時には、最短距離で拳を当てにいくため、肘が曲がっていると思いますが、見せるパンチは、「これからパンチをする！」と分かりやすく大きく見せることが重要なので、腕を大きく伸ばしながら半円を描くように拳を振ります。

目線は常に正面へ向けます。殴る拳の軌道と高さは、目の前にいる自分と同じ背丈の人のアゴの位置です。背が高い人、低い人も相手のアゴを狙います。キャメラアングルによっては、同じ背丈の人のアゴを狙っていても、こめかみを殴っているように見えたり、胸を殴っているように見えたりします。キャメラ位置によっては、殴る軌道のラインは変わってきます。

素手アクション③ ストレート

ストレートの構えはフックと同じです。構えて、テイクバックもフックと同じで、正面の相手のアゴをめがけて真っ直ぐ打ちます。ポイントは、腕だけ伸ばすのではなく、肩までしっかり伸ばすこと。体が横を向くまで伸ばしきって、伸ばしきったところで拳を真っ直ぐ真下に落とします。初心者の方は、ストレートが分かりやすいと思います。

素手アクション④ リアクション

ワークショップでは、リアクションの方法も教えます。横から殴られるフックの場合は、相手の拳が目の前にきたら、それに沿って顔を横に振って戻します。なるべくパンチのスピードと同じスピードで顔を戻すと、当たったように見えます。拳が当たっていなく、遠くにある時点で早めにリアクションをとる人がいますが、それだとリアルに見えません。ドンピシャに合わなくても、逆に通過したのを確認してからリアクションをとるほうがリアルに見えます。

ストレートは、相手の顔の横を通過させます。通過したと思ったら、顔を横に振って戻します。拳を通過させるので、タイミングを見誤って先にリアクションすると、本当に当たってしまうので気を付けましょう。

刀アクション① 正眼の構え

刀の基本的な構えは剣道と同じです。右手と右足を前にして刀を両手で構え、剣先を真っ直ぐ相手に向ける「正眼の構え」です。剣道の経験者はよくご存じだと思います。僕はいつも正眼の構えから教えます。

あらかじめ、ワークショップを始める前に受講者さんに質問します。

「剣道をやったことはありますか？」

「ないです……」

「では、木刀は持ったことはありますか？」

「そういえば、旅行先のお土産屋さんで触ったことがあるかも」

「それでいいんです」

剣道をやったことがなくても、木刀などに触れたことがある人は結構いるものです。持った感触さえ経験があればOKです。

まず刀は基本、左手で持ちます。刀の柄を左手で持ち、鍔の下を右手で握ります。両足を揃えた気を付けの姿勢から、右足を一歩前に出します。柄尻の部分を、おへそから拳1個半〜2個空いた場所に構えます。切っ先は、目の前の相手の喉元の位置に向けます。これが正眼の構えです。

刀アクション②　真っ向斬り、袈裟斬り、逆袈裟斬り

刀は持ち方と構えから始めて、素振りを行います。正眼の構えから、真っ直ぐ振りかぶって真っ直ぐ斬り下すのが「真っ向斬り」です。「袈裟斬り」は、振りかぶって、前に踏み込んだら、刀を左斜め下に向かって斬り下します。そして「逆袈裟斬り」は、刀を右下から左上へと振り上げて斬る動作です。

刀は上からも下からも、常に右側から振り出します。左足を前に出すと、刀が自分に当たってしまうので要注意です。基本、右側から刀が出る時は右足を前に出します。左袈裟斬りなど、左側から刀が出る時は一歩を踏み出して左足を前に出します。これは時代劇のお約束事です。また、時代劇で刀を持って大勢で乱闘になる場合、刀は振りかぶってはいけません。なぜなら、後ろの人に刀が当たるからです。そして、切っ先を人に向けないことです。刀アクションは事故が多いので、周りの人への配慮を忘れてはいけません。ただし、特撮ヒーローの場合は、お約束は関係なく、カッコよければすべてＯＫです（笑）。

素手のアクションの場合はそれほど周りを気にしなくても大丈夫ですが、武器に関しては、刀や棒を持っている場合、自分よりも周りにいる人に目を配ります。刀を振りかぶる時は、切っ先がやや天井に向いたところで止めて、そこから振り下ろします。注意しなければいけないのは、振り下ろした刀は、通過させて自分の体よりも後ろにいかせてしまってはダメです。必ず刀は自分の体の前面におさめるよう意識して、常に自分の視界の中に置いておきます。また、刀の先は常に内側に入れておくこと。刀を持った状態で小走りする時などは、刀は振らないことです。

アクションのお芝居レッスン

基本のアクションに慣れてきたら、お芝居をしてもらいます。

「このアクションを街中のケンカだと思ってやってみてください。自分が想像するものでいいです」

といったお題をもとにお芝居をしてもらうのですが、大体皆さん、「オラオラオラァ！」「なんだよこら〜！」「やんのかこら〜！」から始まります。これがやるのも見るのも面白い（笑）。自由に大声が出せるので、初めて来られた方たちもストレス発散になって、どんどん楽しくなってくるみたいです。

例えば女性のグループには、「レディースの抗争です。チームを抜けようとしたあなたが、メンバーにリンチを加えられるのですが反撃する。何を喋ってもいいです。どうぞ！」など。男性グループには、「新橋の駅前で飲んでいたら、急に知らない人に絡まれました。どうぞ！」など、皆さん、グループで相談して、自分がイメージする不良や酔っ払いを演じます。恥ずかしがる方もいらっしゃいますが、恥ずかしがっては演技やアクションはできないので、自由にやりましょう！　たいがいグループの中に一人くらいは引っ張ってくれる人がいるので、上手い下手は関係なく盛り上がりますよ。

アクションは、その場でそれぞれの人の動きを考えて何度か練習をします。この練習はドラマやお芝居の「リハーサル」の気持ちで取り組んでもらいます。そして、「本番」は僕が動画で撮影をします。本番を演じる以外の他のグループの人たちも見ているので、若干の緊張感があるのもまた良いです。

そして、ワークショップの終わりにその動画をお渡しします。参加の記念になりますし、繰り返し参加される方は、動画で自分のアクションの上達が確認できます。

カッコよく見えるキャメラアングル

また、しっかり学びたい方には、撮影現場を想定して動いてもらいます。僕が撮影する分には、参加者さんの動きに合わせて画角を調整しながら撮影をするのですが、撮影現場では俳優がキャメラアングルを意識して動くアクションは必須です。

「キャメラはここにあります。こんな殴り方をすると、当たっているように見えないので、こういう風にやって。キャメラの位置を意識してやってみましょう」

など、キャメラ位置と自分が見せるアクションをすり合わせます。

キックは、下から撮ると脚が長く見えてカッコいいです。下から撮ると、たいがい何でもカッコよく見えます。そのため、見る人が見ると、「この映像、常に下から撮って誤魔化しているな」と気付かれてしまいます。動いている人と同じ目線にキャメラを設置すると、その人の弱点や足りない部分が見えやすくなります。それを補うために、下から撮ったり上から撮ったり、キャメラを動かしたりするのです。

上（俯瞰）から撮ると、パンチやキックが当たっていないとバレてしまうので、当てない時は、上から撮ることはありません。とくに当てていないパンチは上からは撮りません。蹴りは当たってもある程度は我慢できるので、上から撮ることもあります。

パンチは「実際にガチで殴っているんですよ」と見せたい場合は、上から撮ることが多いです。下からのアングルをパッと上に変えたら、パーンと思いっきり殴ります。最終的にパンチで殴って相手をKOするなら、最初は下アングルで「バンバンバン」と普通に当てないように殴り合い、最後にパッと上に変えて「パーン」と実際にパンチを入れます。これをテンポよく編集でつなげると、バンバンバン、パーンと、本当に打ち合っている感じが出ます。

このように映像は、キャメラワーク次第で臨場感が出ます。ワーっと大勢でアクションをするシーンでは、キャメラマンが回り込んで撮影します。キャメラを動かすと臨場感が出るので、わちゃわちゃ感が増します。そのままの映像ではパンチが当たっていないのがバレますが、色々と誤魔化すことができます。同じシーンをもう1台のキャメラで主人公を押さえておき、パンチが当たっていないところは、主人公の画にすり替えて、当たっているところは引きの画を使います。

例えば『るろ剣』でよく見かける、すごいスピードで走り込んでくるシーン。俳優は単独で走り込んできて止まってUターンするという動きをします。キャメラは、俳優が止まる位置でスタンバイします。俳優が走ると同時に、トラックバックといって、キャメラをタイミング良く下げると、実際よりも迫力が出てすごいスピードで走り込んでいるように見えるのです。

映像にとって、キャメラワークはとても重要です。今いちばん便利なのは、ドローンが使えるようになったことです。昔は何十万円もかけてヘリをチャーターしていたのが、数万円で済むようになりました。映像機器や技術は日々進化しています。

歴代ヒーローポージング実演解説

ドラゴンレンジャー
『恐竜戦隊ジュウレンジャー』

---POINT---
- 右手に水晶玉、左手は龍の手を表現
- 龍騎のポーズよりも腰の位置が高く、腰を低くしないで構える

ニンジャレッド
『忍者戦隊カクレンジャー』

---POINT---
- 頭やお腹をかくなど、お猿さんの動きを表現
- 手の形は3本指を使う
- 腰を落とす

ブルービート

『重甲ビーファイター』

---POINT---

- メタルヒーローなので、なるべくどっしりとした雰囲気で立つ
- 右手が角のイメージ、左手は添える

ビーファイターカブト

『ビーファイターカブト』

---POINT---

- どっしりとした雰囲気で立つ
- キャラが高校生なので、ガッツポーズも元気に
- 前姿勢をとって前に出るイメージ

ビーファイターゲンジ

『ビーファイターカブト』

---POINT---

- 「心で判断する戦士」なので右手をサムズアップして胸に当てる
- 物静かなキャラなので、がっしり構えずに、スッと立つ

メガブルー

『電磁戦隊メガレンジャー』

---POINT---

- スマートなキャラなので、力を入れないでリラックス
- モチーフがテレビのキャラ
- ソファーに座って肘掛けに右腕を置き、左手はリモコンをテレビに向けるイメージ

ギンガレッド

『星獣戦隊ギンガマン』

---POINT---

- 両手を左右に広げて「ガオー」のポーズ
- 力強く、前に掛かる感じ
- 腰を落として低く構える

ゴーレッド

『救急戦隊ゴーゴーファイブ』

---POINT---

- ピシッと肘から指先まで真っ直ぐに伸ばす、敬礼のポーズ
- 力を入れると幼く見えるので、力は入れない

タイムレッド

『未来戦隊タイムレンジャー』

---POINT---

- 5人共通のポーズ
- 空手のキャラなので体幹を真っ直ぐ、姿勢よく

仮面ライダーアギト

『仮面ライダーアギト』

---POINT---

- 体を屈ませて、前に掛かる
- 居合の抜刀の構えがモチーフ
- 刀を腰に携えているイメージで、今にも刀を抜く瞬間を意識

仮面ライダー龍騎

『仮面ライダー龍騎』

---POINT---

- ドラゴンレンジャーと同じく龍を表現
- 腰を屈め、跳び上がってライダーキックをする前段階のポーズ
- 力を溜めて溜めて「ジャンプをするぞ」の気持ちで

仮面ライダーファイズ

『仮面ライダー555』

---POINT---

- けだるそうな雰囲気を醸し出す
- これからライダーキックを放つ姿勢
- 上にジャンプというよりも、アメフトっぽく前に出る気持ちで

仮面ライダーブレイド
『仮面ライダー剣』

---POINT---
- 地面に剣を刺すポーズ
- ジャンプ前なので地面に力を込めるイメージ
- 目の前に武器を携えているので、前傾姿勢になりすぎない

マジレッド
『魔法戦隊マジレンジャー』

---POINT---
- 西洋のドラゴンのイメージ
- 両腕が翼のイメージで、3本指が特徴
- 腕はしなやかに
- 肩は上げすぎない

仮面ライダーカブト

『仮面ライダーカブト』

---POINT---

- 足を揃えて極力腰をひねる（結構キツいです）
- バレエの脚のポジションを参考に
- 上げる右手は肘を外に出さずに、真っ直ぐ立てる
- 指先は頭の上を超え、肘は伸ばしきらない

仮面ライダー電王

『仮面ライダー電王』

---POINT---

- 「最初からクライマックス」なので、参上だけすればよいポーズ
- 足を広げて腰を落とす
- 次の攻撃は考えない
- 立ち上がれなくてもいい

仮面ライダーキバ

『仮面ライダーキバ』

---POINT---

・腕は上下だが、コウモリの翼のイメージ
・肩甲骨同士をくっつけるイメージ
・中国武術のシーブー（虚歩）の立ち方を参考に（結構キツいです）

仮面ライダーディケイド

『仮面ライダーディケイド』

---POINT---

・高飛車な態度のキャラなので、重心は後ろに
・ファイズに近いけれども、けだるそうに見えないように背筋を伸ばす

仮面ライダーW

『仮面ライダーW』

---POINT---

- 全身の力を抜き、力まない
- 左手はボールを下から上に軽く投げ渡した後の手の形
- 右手はお腹あたりに添える

仮面ライダーオーズ

『仮面ライダーオーズ』

---POINT---

- 手はトラで、左手は高く、弧を描くイメージで上げる
- 足はバッタなので屈む

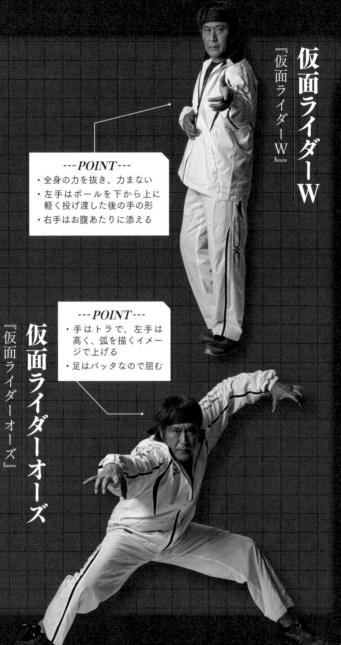

仮面ライダーフォーゼ

『仮面ライダーフォーゼ』

---POINT---

・盛大に「キター」の気持ちで、大きく伸びる（俺、何やってんだろう……？）

仮面ライダーウィザード

『仮面ライダーウィザード』

---POINT---

・指輪を見せるために、手の甲は正面に向ける

・指先は指サックが入っていたので、指先まで意識して綺麗に見せる

仮面ライダー鎧武

『仮面ライダー鎧武』

---POINT---

・腰を落とし、合戦の場で斬りかかる姿勢

・真っ直ぐ刀を立て、脇を閉める

仮面ライダードライブ

『仮面ライダードライブ』

---POINT---

- 「ひとっ走りつき合えよ」のポーズは、車の窓から顔を出しているイメージ
- 右肘を窓枠に掛けている姿勢
- 立ち気味でやっても伝わらないので、自分の肘を窓縁替わりに

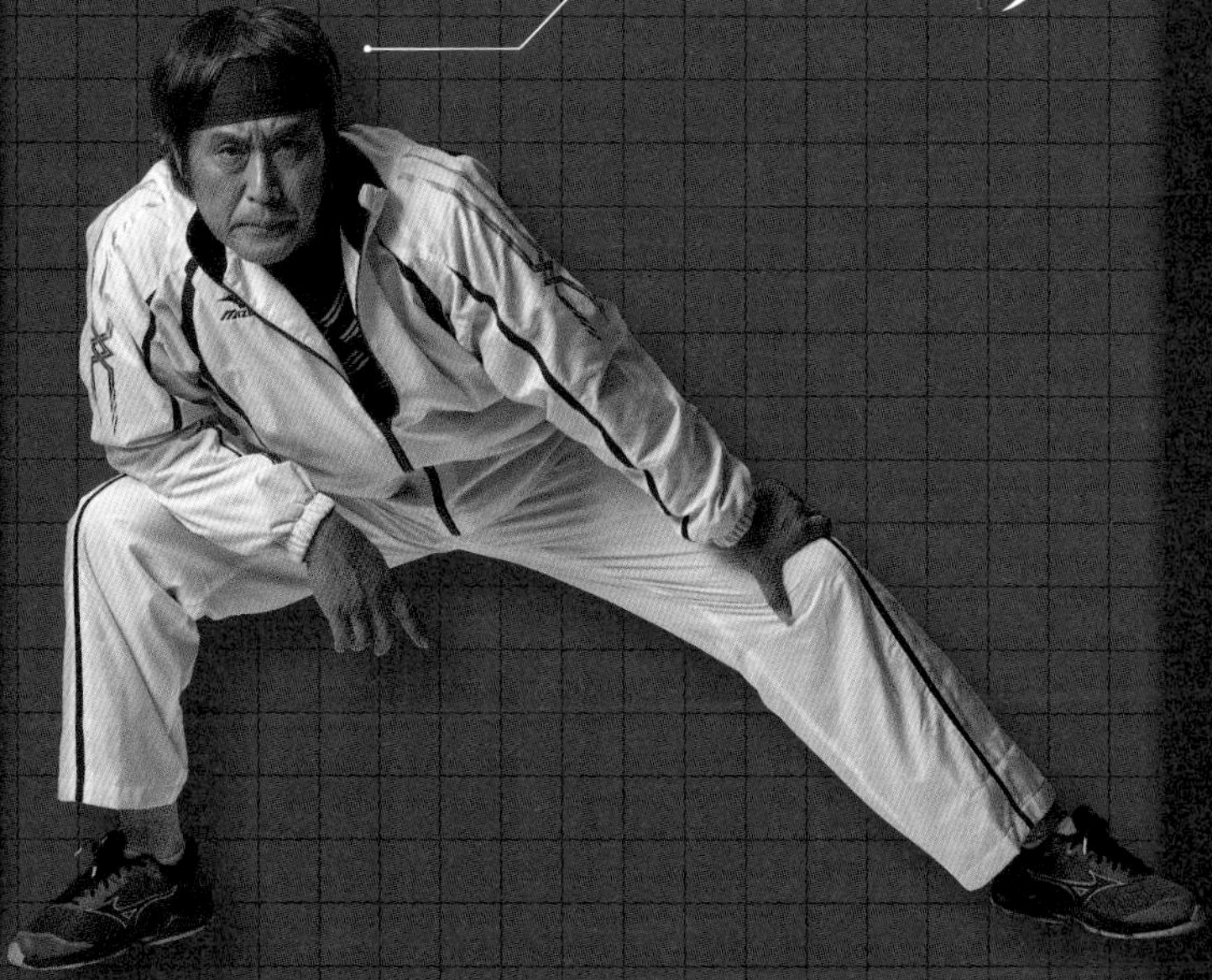

仮面ライダーゴースト

『仮面ライダーゴースト』

---POINT---

- 2本指を立てて右手で印を組む
- 術を唱えるイメージ
- 歌舞伎の見得（みえ）の雰囲気

仮面ライダーエグゼイド

『仮面ライダーエグゼイド』

---POINT---

- ゲームスタート、スタートダッシュのイメージ
- 胸の前に拳を構え、後ろに右手を伸ばす

仮面ライダービルド

『仮面ライダービルド』

---POINT---

- キャラが天才物理学者なので、右手のフレミングを表現
- 体重を左に掛け、左膝を内側に入れる
- しなり具合がポイント

仮面ライダージオウ

『仮面ライダージオウ』

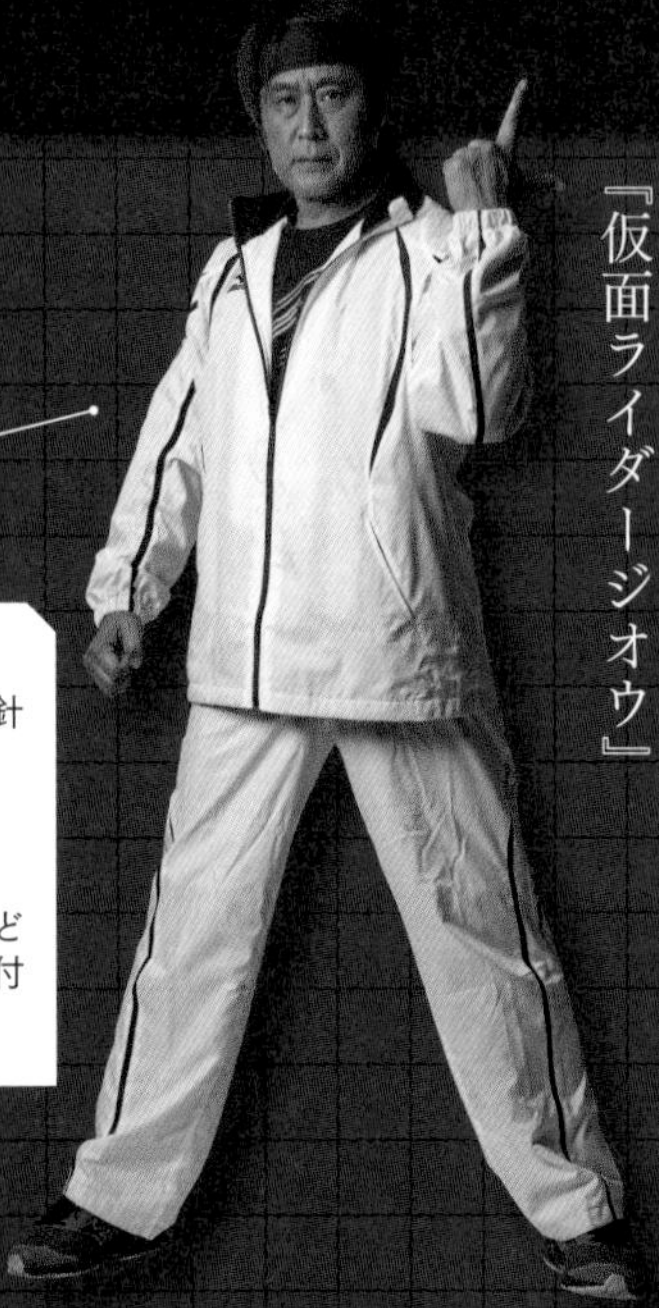

---POINT---

- 左手で時計の長針と短針を表現
- 肘は真っ直ぐ立てる
- 右手は拳を握る
- キャラは高校生だけれども、しっかりと地に足を付けて「時」を表す

仮面ライダー滅

『仮面ライダーゼロワン』

---POINT---

- 目力を込めて、弓で狙う
- 一発で仕留める、二本目はない気持ちで

素手アクション実演解説

右手拳を後ろに引っ張り、横から当てて殴る。拳の軌道と高さは、相手のアゴの位置を狙う。

---POINT---

- 拳を出す側の膝を内側に入れる（パンチアクション共通）
- 上半身のみに気を取られないようにする

パンチ❷ ストレート

拳を真っ直ぐに打ち込む。拳は相手のアゴの位置を狙う。

POINT

・拳から肩まで、しっかり腕を伸ばす

キック❶ 前蹴り

膝を真っ直ぐ上げて、そのまま脚を伸ばして蹴る。

POINT

・軸足の踵を内側に回す（キックアクション共通）

キック② 回し蹴り

膝を真っ直ぐ上げ、脚を曲げている状態で横から回して蹴る。

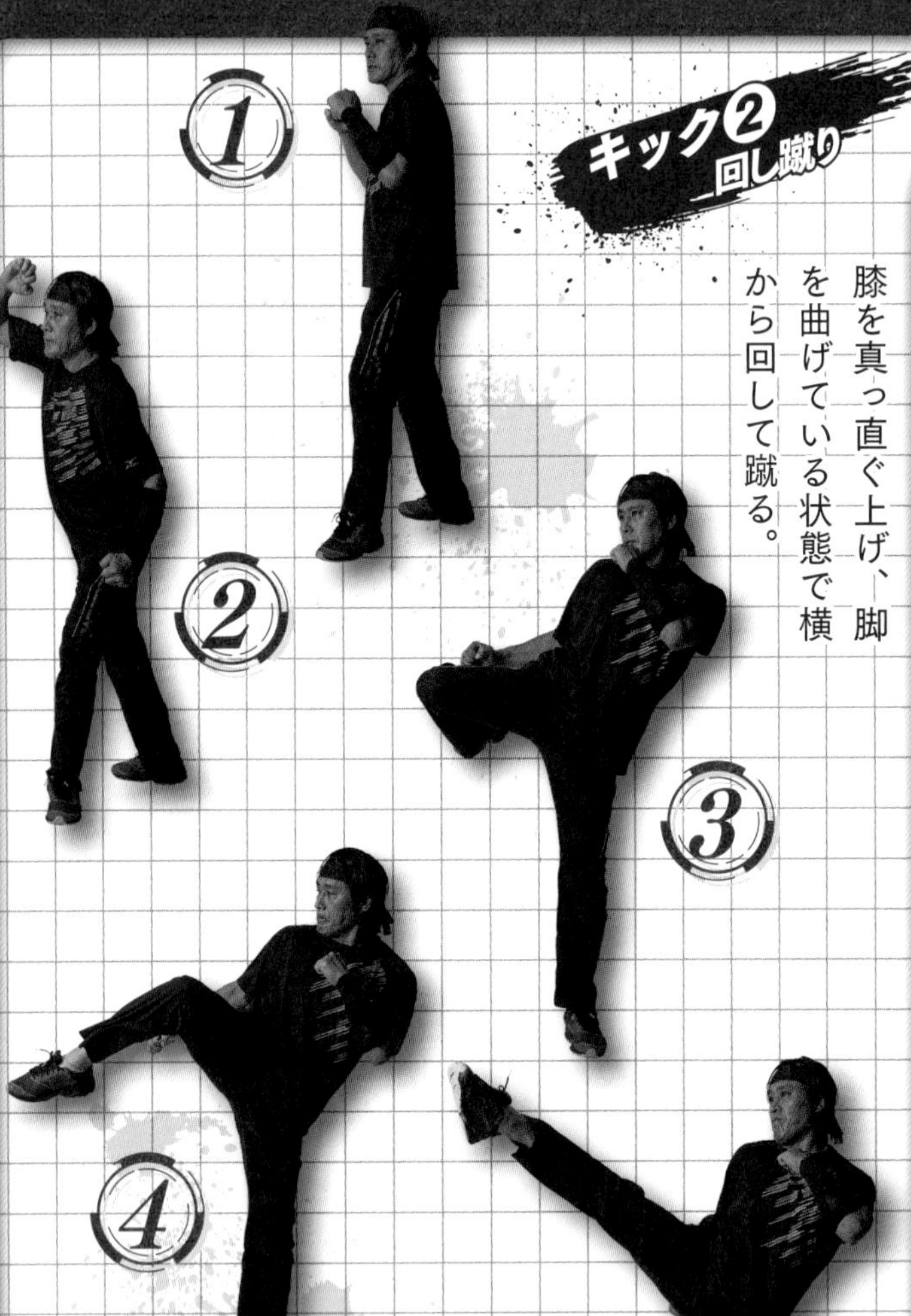

POINT

・足の甲で相手の横っ面を引っ叩くイメージで蹴る

キック③ 足刀蹴り

膝を真っ直ぐ上げ、脚を横に向かって伸ばす。足刀を相手に当てる。

POINT

- 足刀は足裏の外側の小指から踵の間の部分
- 足の裏を相手に向けない

キック④ 跳び足刀蹴り

ジャンプした状態で足刀を相手に当てるキック。キックの足は上から下に打ち込むイメージ。

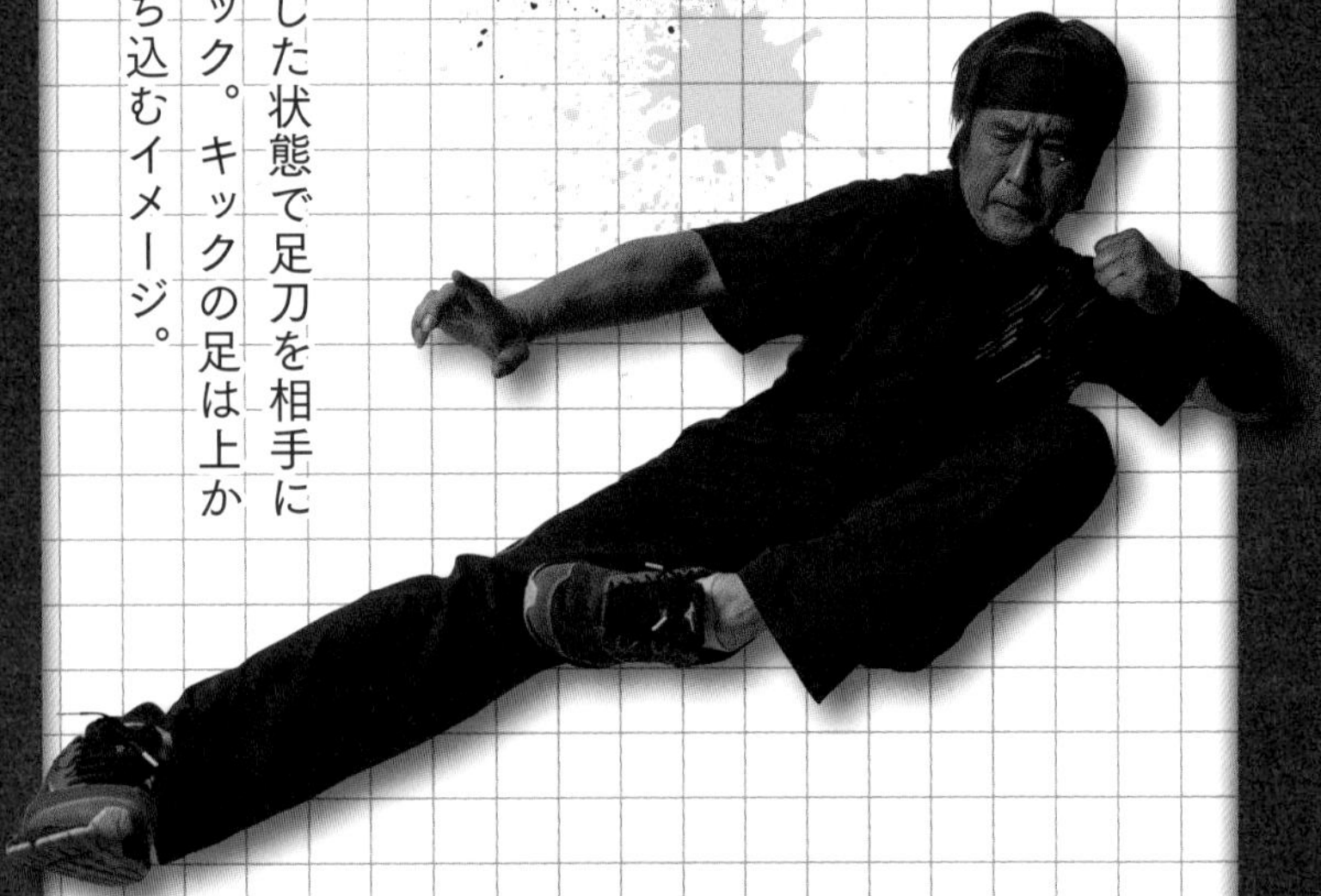

---POINT---

- 体は極力起こすようにする
- 蹴りの反対側の足はできるだけ引き寄せる

武器アクション実演解説

刀アクション❶ 正眼の構え

刀の柄を左手で持ち、鍔の下を右手で握る。気を付けの姿勢から、右足を一歩前に出す。

SIDE

---POINT---

- 重心は真ん中
- 切っ先は相手の喉元の位置に向ける
- 柄尻の部分を、おへそから拳1個半～2個空いた場所に構える

刀アクション②
真っ向斬り

正眼の構えから、真っ直ぐ振りかぶって真っ直ぐ斬り下ろす。

1

SIDE

2

SIDE

POINT

- 大勢の乱闘になる場合、振りかぶらないこと
- 後ろの人に刀が当たらないようにする

POINT

・左右にブレないように、真っ直ぐ下へ斬り下ろす

刀アクション③ 袈裟斬り

振りかぶって前に踏み込み、刀を右斜め上から左斜め下に向かって斬り下ろす。

①

SIDE

②

SIDE

---POINT---

・刀を右側から振り出す時は、右足を前へ出す

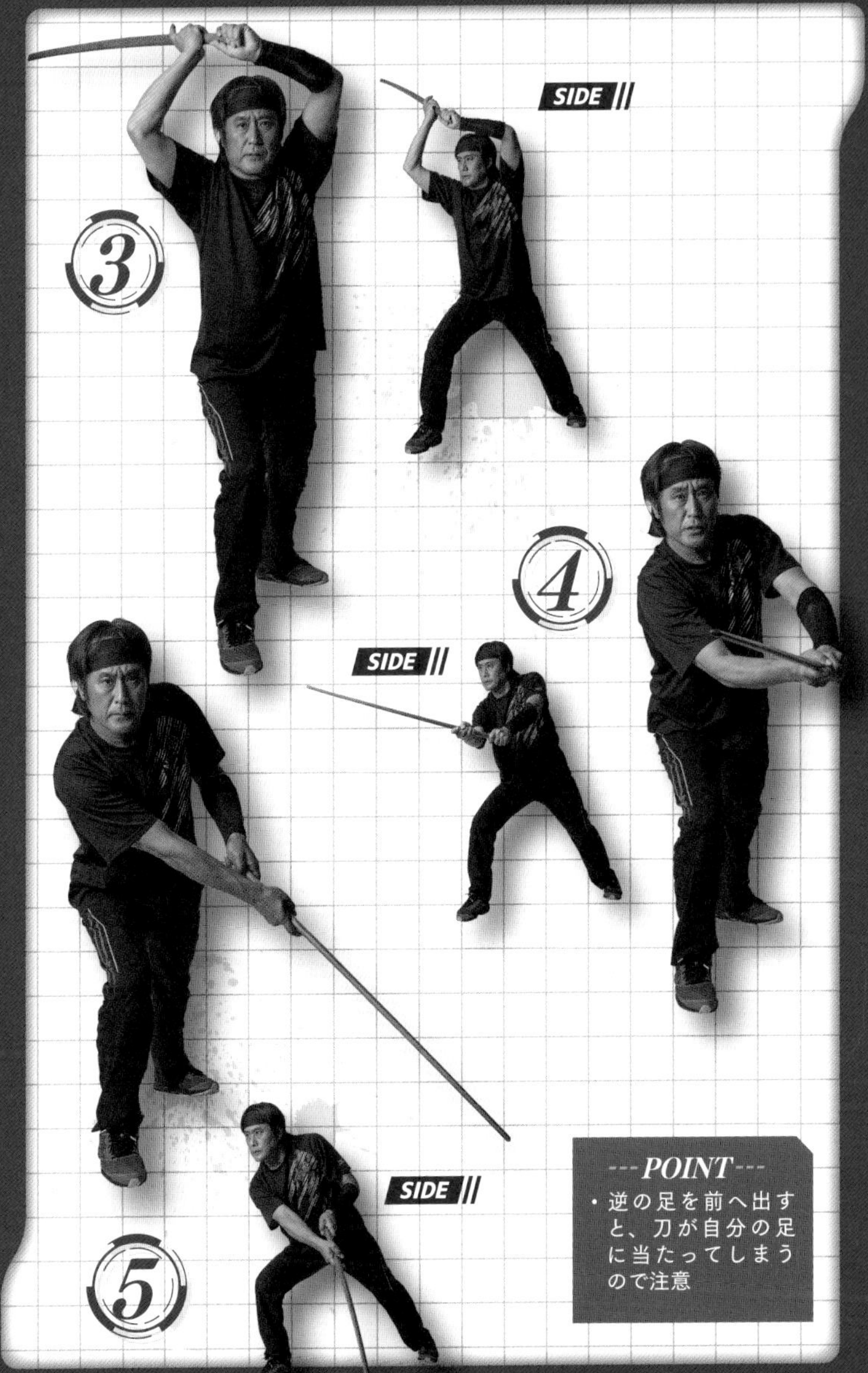

---POINT---
・逆の足を前へ出すと、刀が自分の足に当たってしまうので注意

刀アクション④ 左袈裟斬り

振りかぶって前に踏み込み、刀を左斜め上から右斜め下に向かって斬り下ろす。

---POINT---

・刀を左側から振り出す時は、一歩を踏み出して左足を前へ出す

銃アクション❶ 片手構え

足を肩幅程度に広げて立ち、片手で銃を構えるポーズ。

---POINT---

- 銃のサイドを正面に向け、しっかり見せる
- 両脇はテニスボールを挟んでいるつもりで少し開ける

銃アクション❷ 両手構え

両手で銃を構えるポーズ。足は肩幅より広めにして立ち、銃をしっかり正面に向けて構える。

銃アクション③ ヒーロー打ち

昔ながらの打ち方。通称「ヒーロー打ち」。

銃アクション④ 変則打ち

『電王』リュウタロスの変則的な打ち方。

---POINT---

- 銃は少し伏せがちに持つ
- 足はダンスをしている風の構え
- 指先もダンサーのように

銃アクション⑤ 両手打ち

銃は両手でしっかりと持ち、両目で標的を見て狙う。

POINT
- 腕の力は抜く
- 小さな子にボールを下からポイっと投げ渡したような腕の形

銃アクション⑥ 片膝立ち打ち

片膝立ちになって両手で銃を撃つポーズ。

第5章

これからのスーツアクターと展望

最近の若者事情

仮面ライダーはストーリーにも力を入れているので、常に俳優もスーツアクターもキャラクターの心情の深い部分を表現する演技力が求められます。1話を逃すとストーリーが分からなくなるくらい濃密で、日曜日の朝からそんなに難しい話を見せなくても……と思うほどです。監督は、一般のドラマと同等の表現力を俳優に要求します。生瀬勝久さんや竹中直人さん、片岡鶴太郎さんといった名のある俳優さんもストーリーを支える重要な役柄として起用されているので、若手俳優は彼らと渡り合えるチャンスももらえます。

僕らは大御所の俳優さんと直接絡むことはないですが、気さくな方が多く、生瀬さんとは演技についてお話しさせていただきました。最近の若い俳優の話題になり、彼らは台詞の掛け合いをしている時、物に頼る傾向が強いのだそうです。「何か物を触りながら台詞を喋る、小道具に頼る役者はダメだ」というのが、生瀬さんの持論とのこと。生瀬さんは舞台俳優なので、物に頼らず相手との会話のキャッチボールを大切にされています。生瀬さんの舞台を拝見すると、やたらと身振り手振りはせず、板にしっかりと立ってほとんど動きません。これはあくまでも生瀬さんの考え方であって、逆に竹中さんはじっとしていませんし、つくづくお芝居に正解はないことを実感しました。

それぞれの若者が目指すもの

大御所の俳優さんたちは、若手俳優と積極的にコミュニケーションをとってくれます。ところが、最近は鶴太郎さんとか竹中さんをよく知らないという子もいるから驚きです。鶴太郎さんなんか『オレたちひょうきん族』(1981〜1989年放送)だぞ(笑)。僕は真田さんに憧れていましたが、JAEの若い子の中には真田さんを知らない、当然千葉さんも知らない。アクション俳優を目指しているのに、ジャッキー・チェンは知っているけど映画は見たことがない。仮面ライダーも見たことがない子もいました。

10年くらい前までは、「『電王』を見てスーツアクターに憧れました」と言ってJAEに入ってくる子が多かったのですが、今の傾向はよく分からないですね。最近は『るろ剣』や、刑事もののドラマでもトリッキーなアクションを取り入れているものもあるので、それに憧れてという子が増えている印象があります。それだけアクションが、幅広い層に受け入れられてきているのかもしれません。

スーツアクターになりたくてJAEに入ってくる子の中には、ヒーローの恰好でカッコよく戦うことばかりに注目していて、演技には興味がない子もいます。前章でお話ししたように、昭和の時代はそれでも良かったのですが、今は演技が重要視されています。アクションは教えてもらえますが、演技は誰に教わるわけでもないので、自分の目で盗むしかありません。

一方で、出来上がりのオンエアを見て、アクションではなくお芝居の方向へ進もうとする子もいれば、自分が求めていたものではなかったと、この世界から去る子もいます。実際に現場に足を踏み入れると、色々と考え方が変わるのもよくあることです。

WIDENから未来へ

嫁の高岩利恵は、僕のJAC時代の先輩で、『五星戦隊ダイレンジャー』のホウオウレンジャー、『忍者戦隊カクレンジャー』のニンジャホワイト、『超力戦隊オーレンジャー』（1995〜1996年放送）のオーピンクなどを演じてきたスーツアクトレスです。嫁は今、TEAM☆T.A.W(Takaiwa Action WIDEN)という武術パフォーマンスチームの代表を務めています。「WIDEN（ワイデン）」と呼んでおり、WIDENは「広げる」という意味です。「自分たちで企画して、屋外でショーを演りたい」という想いがきっかけで結成しました。

嫁は以前、『ダイレンジャー』のホウオウレンジャーを演じるうえで中国武術を学び、それを息子が引き継いでいます。このＷＩＤＥＮは、高校生が主体のチームで、武術パフォーマンスをメインにアクションの指導、地元のイベントやお祭りのステージショーなどを請け負い、オリジナルのお芝居やアクションパフォーマンスなどの活動も行っています。最近は映像作品『鳳凰神拳ワイデンジャー』の制作を手掛け、配信を開始しました。

基本的に僕は、チーム全体の指導と演出のお手伝いをしています。まだまだ小さなチームなので、頑張ってメジャーに押し上げたいと思っています。さらに、所属する子どもたちがプロの世界でもやっていけるように後押ししてあげたい気持ちもあります。また、嫁は毎週日曜日に川越方面でアクション教室も行っています。そちらは主に子どもたちを対象に育成の観点でアクションを指導しているもので、僕も特別講師をしています。

本人の希望次第ですが、ＷＩＤＥＮや僕のアクションワークショップからＪＡＥに入った子も何人かいます。スーツアクターを目指すなら、いきなりＪＡＥの養成部のオーディションを受ける前に、ワークショップでアクションの基礎に触れておくと、気持ち的に楽だと思います。僕はＪＡＥのようなしっかりした事務所に所属することをおすすめしますが、中にはフリーランスという立場で、アクションチームにお世話になって仕事を回してもらうという人もいます。ただ、JAE所属に比べるとチャンスは減ると思います。

余談ですが、次男は小学校高学年の頃、一時期レッド・エンタテインメント・デリヴァーさんにお世話になっていました。アクションを教えていただいていたのですが、チームの方に気に入られて「ぜひメンバーになって」と、引っ張られそうになり、「まだ小学生なので……」と、丁重にお断りさせていただいたことがあります。次男は自然とアクションの道に進み、WIDENにも所属しています。

また長男は、親と比べられるのは抵抗があると言って、声優を目指して勉強中です。じつは次男もアクションは好きなのですが、アニメも大好きで、将来は声優になりたいと言っています。それならそれでいいのですが、次男は僕と何度か一緒に仕事をしたことがあり、その時の監督やプロデューサーから「こんな役があるんだけど、やってみない？」と、よく声をかけていただいています。このように、エンターテインメントの世界ではどこにチャンスが転がっているか分かりません。チャンスを逃がさないように、アンテナを広げて多くの人と交流してほしいです。

終　章

後世に向けて

アクションを演じること

18歳の時のヒーローショーから始まり、ヒーロー役をまさかここまで続けられるとは思いもよりませんでした。スーツアクターをバトンタッチし、2021年にフリーになりましたが、エンターテインメントの世界から引退するつもりはありません。映像でも舞台でも、パフォーマンスをする場所はたくさんあるので、今後も自分のやりたいことを突き詰めていきたいと思います。今の時点でやりたいことは、やはりキャメラの前でアクションを演じることです。何か別のやりたいことが見つかれば、そちらに向かうかもしれませんが、キャメラの前でアクションを演じるという軸はブレないような気がします。

「スーツアクターになりたい」という人は、それぞれ「仮面ライダーをやりたい」「スーパー戦隊をやりたい」といった夢があると思いますが、諦めずチャレンジし続けてほしいです。そして、アクションの世界は、アクションだけにこだわってはダメです。何度も繰り返しますが、演技の一つとしてのアクションだということを忘れないでください。アクションをするだけなら、ちょっと練習を重ねれば誰でもできます。しかし、演技に関しては誰でもできるわけではありません。アクションは、どんなに下手くそでもキャメラワークや編集技術である程度のカバーができますが、演技だけは誤魔化せません。アクションは演技のカテゴリーの一つ。まずは演技。演技をして、そしてアクションです。

よく「長年続けてこられた秘訣は？」と聞かれるのですが、演技を認められ、体力的に無理をしなかったからだと思いますが、細かいアドバイスができなくて申し訳ないですが、結局のところ僕もよく分かりません（笑）。もしかすると、他のスーツアクターやアクション監督など、僕の周囲の方々にお聞きしたほうが、客観的な分析ができて、きちんとした理由や答えが出てくるかもしれません。ただ、大変でしたけど楽しかったのは事実です。やればやるほど難しさや新たな発見があって、「もっとこうしたい、ああしたい」という想いが強くなっていくのです。スーツアクターになるには、簡単なことではありませんが、夢を追いかける若者たちをこれからもサポートしていきます。

家族へ

まずは嫁の高岩利恵に。仕事、仕事で家にいないのに、丁度子どもの手を焼く頃に『電王』が始まったので、家のことは丸投げになってしまいました。子どもの学校行事も任せっきりで、嫁に息子たちを育ててもらったので本当に感謝です。

息子たちは、なるべく遊びに連れて行っていたけれど、世間の土日休みのお父さんに比べると、その機会はとても少なくなってしまったように感じます。土日はやっぱり仕事でしたし、夏休みとかもなかなか休みがとれなくて。頑張って隙間、隙間に動物園に行ったり、旅行したりもしましたが、申し訳ないというか、残念な気持ちはあります。今は息子たちも大きくなって、同じような世界に足を突っ込んでいるので、何かバックアップできるようなことがあればと思います。親の七光りになっては困るし、息子たちもそうなりたくないと言っているので、陰ながらアシストしてやりたいと思っています。

しかし嫁には、さらに迷惑をかけてしまうかもしれない……。楽をさせてあげるのは、まず無理だなと思っているので……（笑）。現場から離れてフリーになって、現在はほぼ夫婦や家族で活動をしているので、変わらず大変かと思うけれども、お互いに年も取っていくので、体に気を付けながら協力していきましょう。これからもよろしく。

制作スタッフ、ＪＡＥのメンバーへ

みなさんにお一人お一人にお礼を言いたいのですが、終わらなくなってしまうので……（笑）。一番は、僕を映像の世界に引っ張ってきてくれた竹田道弘さんに感謝です。彼の存在がなければ、今の僕は絶対にありません。竹田さんは今年の2023年に引退しまして、最後の仕事をJAEを離れた僕と一緒にやれて、締めくくりとしてとても感慨深いものがありました。最後に一緒にやれて良かったです。

ほかにも、撮影現場ではたくさんの監督やプロデューサーにお世話になりました。今は若い監督に切り替わりましたが、僕がテレビに出始めの頃は「巨匠」と呼ばれるおじいちゃん監督や、おっかない監督ばかりだったので、その人たちに怒鳴られながらもかわいがってもらいました。石田秀範監督、田﨑竜太監督には、助監督時代からお世話になり、いわゆるテレビや映像というものを教えてもらいました。

キャメラマンは、いのくままさおさん、松村文雄さん、倉田幸治君、このお三方にはたくさんお世話になりました。いのくまさんには一番、年月が長くお付き合いいただきました。共通してお礼を言いたいのは、自由にやらせてもらったことです。僕らはだいたいキャメラフレーム内で考えてお芝居をするものですが、「自由にやっていいよ」と言ってもらえて、自分のやりたいように動いて、お三方に上手く拾ってもらっていました。僕が映像のノウハウが分かってきた時期で、大ベテランのキャメラマンなので、自由にやってもいいと言われるくらい育ててもらったんですよね。そして、信頼関係ができていたんだと思いました。このお三方はキャメラNGがほぼない、プロ中のプロです。僕も、絶対に押さえてくれるという安心感がありました。倉田君は同時期に一緒にいたので、彼が怒られているのを見ていたし、僕が怒られているのも倉田君は見ていたし。倉田君が「好きに動いてください」と、師匠であるいのくまさんや松村さんと同じ言葉を言ってくれて、継承しているんだなと思いました。

照明さん、音声さんにも感謝をお伝えしたいですし、僕らに一番近いところにいるのが爆破などを行う操演部で、高木友善とは長く、ぺーぺーの頃からお世話になりました。師匠の船越幹雄さんにもお世話になりました。必要以上に火薬を増やされたりしました（笑）。操演部は危険な部署なので、セーフティな部分もすごく気を使ってくれました。現場も楽しくしてくれて、仲良くしてもらって本当にありがとうございました。

ＪＡＥのメンバーでは、竹田道弘さん、宮崎剛さんは僕の作品のほとんどに関わっていて、かっこいいアクションを組み立ててくれました。安全面でもこの二人にはお世話になりました。そして、僕が最初に仮面ライダーになった『アギト』で両サイドを固めて支えてくれた押川善文と伊藤慎。そこからライダーをずっとやらせていただいて、永徳と渡辺淳、代替わりで、2号ライダー、3号ライダーとして支えてくれました。本当にありがとう。

今回、出版のきっかけをくださったイースト・プレスの渡邊亜希子さん。長きにわたり根気よくお付き合いいただき、ありがとうございました。取材の大泰司由季さんには、僕の拙い話を読みやすく綺麗にまとめてもらいました。本当に大変な作業だったと思います。ありがとうございました。

特撮ファンのみなさんへ

最後になりましたが、特撮ファンのみなさん。中には、ヒーローショーの頃からずっと見てくれている人もいらっしゃいます。みなさん、僕を見つけてくれてありがとうございます。今では顔出しの役柄もありますが、きっと応援してくださっている方々は、僕が何かを着て演じているのを見るのが好きなんだと思います。主役でも悪役でも、また「中の人」として、スーツアクター高岩成二をお見せできる機会があればと思います。

高岩成二

高岩成二
(たかいわ・せいじ)

1968年11月3日生まれ。埼玉県出身。ジャパン・アクション・クラブ(JAC:現JAE)16期生として養成所に入所。1987年からヒーローショーのキャラクターアクションを担当する。1992年よりヒーロードラマのキャラクターアクションを務め、1994年に『忍者戦隊カクレンジャー』で主人公ヒーロー、ニンジャレッドを演じる。2001年の『仮面ライダーアギト』から、2018年の『仮面ライダージオウ』まで、18人もの主役の仮面ライダーを演じ、「ミスター平成仮面ライダー」と呼ばれる。その後、2019年の令和仮面ライダー第1作目となる『仮面ライダーゼロワン』では敵役である仮面ライダー滅を演じ、仮面ライダーのキャラクターアクションを後任に託す。2021年にJAEより独立。2022年の坂本浩一監督ドラマ『グッドモーニング、眠れる獅子』では顔出しで初主演を務め、さまざまな舞台にも出演し、活動の場を広げる。現在は妻である高岩利恵が代表を務めるTEAM☆T.A.W(Takaiwa Actoin WIDEN)と共にワークショップを開講し、後進の育成に力を入れている。

スーツアクター高岩成二
先人より継承し、共に創造す

2023年8月22日　初版発行

著　　　者　高岩成二

デザイン　華岡いづみ
撮　　　影　中園健二（クリエイティブストゥディオワークス）
ヘアメイク　HIROKO
スタイリング　江川暢之
取　　　材　大泰司由季
校　　　正　株式会社ヴェリタ
協　　　力　株式会社ジャパンアクションエンタープライズ、TEAM ☆ T.A.W
写真提供　株式会社悪の秘密結社

発　行　人　永田和泉
発　行　所　株式会社イースト・プレス
〒101-0051 東京都千代田区神田神保町 2-4-7
久月神田ビル
TEL：03-5213-4700　FAX：03-5213-4701
https://www.eastpress.co.jp

印　刷　所　中央精版印刷株式会社

ISBN978-4-7816-2203-3